献给我的老师——樊力

走向新遗产

价值为本的文化遗产保护理念与实践

刘保山 著

中国建材工业出版社

图书在版编目（CIP）数据

走向新遗产：价值为本的文化遗产保护理念与实践 / 刘保山著 . -- 北京：中国建材工业出版社，2020.7
ISBN 978-7-5160-2378-5

Ⅰ.①走… Ⅱ.①刘… Ⅲ.①文化遗产 – 保护 – 研究 – 中国 Ⅳ.① K203

中国版本图书馆 CIP 数据核字（2020）第 054024 号

走向新遗产——价值为本的文化遗产保护理念与实践
Zouxiang Xinyichan——Jiazhi Weiben de Wenhua Yichan Baohu Linian yu Shijian
刘保山　著

出版发行：中国建材工业出版社
地　　址：北京市海淀区三里河路 1 号
邮政编码：100044
经　　销：全国各地新华书店
印　　刷：北京中科印刷有限公司
开　　本：880mm×1230mm　1/32
印　　张：8
字　　数：160 千字
版　　次：2020 年 7 月第 1 版
印　　次：2020 年 7 月第 1 次
定　　价：80.00 元

本社网址：www.jccbs.com，微信公众号：zgjcgycbs
请选用正版图书，采购、销售盗版图书属违法行为
版权专有，盗版必究。本社法律顾问：北京天驰君泰律师事务所，张杰律师
举报信箱：zhangjie@tiantailaw.com　举报电话：（010）68343948
本书如有印装质量问题，由我社市场营销部负责调换，联系电话：（010）88386906

序　言

保山给我送过来他的新作《走向新遗产》，我略感吃惊，因为他日常负责着一家创业公司，工作团队的规模虽不大，但一直在增长，想必要他操心的事务杂多，但仔细一想，我又不感到意外。

保山曾是北京大学考古文博学院考古学方向的本科生，我们正式相识的时候，他还在北京市文物局工作，但正准备辞职，我就问他辞职的原因，因为从业内对他的评价来说，他在文物局继续工作下去也是很有前途的。保山跟我说在局机关工作了十年，对行政系统有了比较多的了解，趁着自己还年轻，想多面对一些未知，挑战一下自己，利用自己在行政机关学习的知识和积累的经验，为文化遗产的保护多做些实际的工作。后来他果然辞职了，保山这代人虽然已经不再看重"铁饭碗"，但创业维艰，其中的酸甜苦辣，是只有创业者自己才能够真正体会得到的。好在他从事的文化遗产保护工作和学院有较多的联系，我也不时能够听到他的消息，知道他发展得不错。

近年来，文化遗产保护事业发展很快，但正如保山在书中所言："国人素以实践见长，却较少将其提炼至理论乃至哲学范畴。"为了保护文化遗产，近年来国家投入了大量的资金，由此有了许多工程和项目，不过这些工程和项目为什么做，怎么做，为什么要这样做？许多从业者是不清楚的。我曾经在山东的一处工地上看到工人拿着焊枪在复建的教堂外墙上作业，我颇为不解，焊枪在石头上做什么？工人的回答是做旧。"修旧如旧"曾经是我们挂在嘴边的原则，但究竟什么是"旧"？如何才能"如旧"，以及东西方文化遗产的差异所引发的保护理念的不同等等，都是需要我们深入思考的。但是，文化遗产保护又是在实践中不断变化和发展的，绝知此事要躬行，保山在书中所引的一些案例，很多是他亲自参与实践的，所以他的相关思考，就有了可操作性。全书围绕文化遗产的价值而展开讨论，"价值的类型、属性复杂，价值的判定标准一直在变，该如何评价价值呢？"保山提出定性分析和定量分析相结合的方法。现在有些学者认为遗产是"被发明的传统"，过分强调了遗产的"生成"和"建构"，我以为遗产的价值可以分为客体价值和主体价值，国家、社会和个人都会在客体价值的基础上，基于以往的认知和需要构建主体价值，因此，我觉得保山提出的文化空间调查和合理的评估方法在原则上是可行的。

现在文化遗产保护已经由文化精英们的思考和倡导，转向社会公众共同关注和参与的事业，相应地我们在理论上对于这些变化也要给予积极的回应，这种回应也势必应该反映到学科建设当中来，然而现实却是，我们做了大量的实践工作，学科建设却严重滞后。保山敏锐地意识到这个问题，所以他直言"目前国内有关文化遗产的教材和著作较为匮乏，关于遗产的学科体系和理论方法建构尚未得到足够的重视"。从保山的这段表述中，我觉得他是有"野心"的，这也正是他的情怀所在，就是因为他有情怀，所以我在开头说，他写此书，我略感吃惊，但细想又不觉得吃惊。他在书中说："如果真的会有《圣经》提到的那种大洪水，而我们不得不建造一个诺亚方舟，将什么样的遗产带上诺亚方舟传承下去，就是这个学科的使命"。

我见逝日，我知来时。历史是一堆灰烬，但是，灰烬的深处有着余温。祝愿保山能够在他喜欢的事业上做得更好，成为传递火种的人。

2020 年 6 月 26 日

前　言

作为国际古迹遗址理事会的一员，我坚守国际大家庭的共同信念，怀揣梦想循着遗产前辈的足迹前行，也时常被工作中的点点滴滴感动。时间长了，想把自己的工作、学习体会整理出一个文化遗产的小读本，也为自己所热爱的事业贡献一点萤火之光。

现在有很多大学开设了文化遗产学，并有渐成显学之趋势。目前，国内有关文化遗产学的教材和著作较为匮乏，关于文化遗产学的学科体系和理论方法构建尚未得到足够的重视。古往今来，国人素以实践见长，却较少将其提炼至理论乃至哲学范畴。本书虽不是一本专业著作，只是工作实践中的随笔，亦试图探讨理论在实践中的应用与发展。如果您已经是行业专家，又或者您对历史文化、人类社会、文化遗产相关工作一点都不感兴趣，您可以合上书，出门左转找家咖啡馆闲坐；如果您是想了解文化遗产的基本概念、研究内容、学科方法论等教材类内容，您可以合上书，出门右转找家书店买一本教材，没必要听我絮叨。除此以外，欢迎有兴趣的您和我一起走进文化遗产的大门，走马观花一番。毕竟大家都忙着生活，我尽量讲得简短一些，期望您用一壶茶的工夫，饶有兴趣地把这本入门读本看完，一起关心人类的过去、现在以及未来的命运。若是您在准备高考或者考研，在犹豫要不要报考文化遗产相关专业，想看看文化遗产行业在想什么、干什么，欢迎您通过这个读本来粗略了解一下，而不是通过《盗墓笔记》。

曾经，文化遗产的话题是专业领域的事情，从一开始似乎是社会精英们思考和倡导的事业，如今这种趋势发生了很大的转变，公众对于文化遗产的关注热度持续升高。从文化遗产保护理念到实践，都有社会深度参与的印记。辽宁"最美长城"、北京"梁林故居"等一大批案例反映出公众对参与文化遗产的热切期盼，甚至引发了激烈的讨论或争辩。这也是文化遗产领域所期望的，我们也期待利益相关者特别是所在地社区的共同参与。

书中以人类学、考古学前沿话题为起点，结合遗产专业理念对相关文化现象和热点案例徐徐道来，是期望读者能够初步了解文化遗产的保护使命与共识，了解文化遗产保护的核心线索——价值，这是文化遗产保护的灵魂。抓住了价值的线索，就抓住了文化遗产研究、阐发、保护、管理的关键点。

书中初步阐释了价值的诞生、发展、特性等内容，提出了基于价值的保护方法（Value-Based Approach），这种方法充满了人文精神，这是我们一起关怀人类命运、携手共同前行的基础。而且这种基于价值的研究方法，提供了一个理性分析的新视角，让我们能够更加辩证、客观地看待文化遗产诸多争议分歧，化解心中的迷茫，相信对于探讨社会领域的难题亦颇有助益。

很显然，即便是面对新冠肺炎这样的人类灾难，温暖心灵的人文精神给予我们的力量，是护佑人类披荆前行的内在动力。越是重大灾难，遗产所蕴含的人文精神越显珍贵。2020年新冠肺炎疫情期间最火的一句汉语是"山川异域，风月同天"，我想这也是文化遗产的价值所在。如果说医生是为了拯救人类受损的体魄，而文化遗产从业者，则是为了保护人类美好的心灵！

刘保山

2020年3月

目　录

第一章　遗产简史：孕育千年的那颗珍珠　　　/ 1

第二章　遗产使命：为人类贡献价值与意义　　　/ 37

第三章　遗产价值：善变的幽灵　　/ 67

第四章　遗产保护：核心是增强价值　　/ 109

第五章　遗产监测：监测的其实是价值　　/ 149

第六章　遗产评估：价值的守护、增值与新趋势　　/ 185

写在最后　/ 230

图片来源说明　　/ 231

参考文献　　/ 235

致　　谢　　/ 237

作者简介　　/ 239

第一章

遗产简史：孕育千年的那颗珍珠

> 历史是一堆灰烬，灰烬深处有余温。
>
> ——黑格尔

子子孙孙，永保永用

遗产（Heritage），从语源学上来讲，与祖传的财物有关，表示被继承和传承的财产和传统。遗产一词主要是指财产、财富，有祖辈传递给后代财富这一含义，后逐渐发展为"历史的见证""整个社会的共同继承物"。通俗来讲就是将人类祖先创造的部分有价值的资源有选择地传承下来，合理地为当下的社会服务，力争为人类的后代谋福。日本更是直接将文化遗产称为"文化财"。（图 1-1）

▲图1-1 日本的文化遗产保护标志

其实，中国的古人很早就普遍重视遗产的传承。商周时期的青铜器，在铭文的最后往往补上一句"子子孙孙，永保永用"。根据材质、纹饰、制作工艺等方面的证据，考古学家发现，四川省成都市金沙遗址（距今约3000年），曾出土千里之外的浙江省良渚文化典型礼器——玉琮。而金沙遗址比良渚遗址晚了1000多年时间，成都地区的古蜀人很有可能是将玉琮作为上古礼器予以珍藏、传承或用于祭祀的。这应该是已知最早的文物收藏吧。[①] 古人在考量礼器、珍宝传承的时候（那时候应该还没有现代遗产的概念），至少会考虑两个隐藏的特性。一个是希望"收藏品"拥有不朽的特征，比如青铜器、金器、玉器等，永远陪伴主人或者传承下去；另一个是赋予礼制、思想在收藏品中，挑出那些珍贵、有纪念意义的传承给后人。同样，古希腊、古罗马等欧洲文明，也一直非常重视珍贵纪念建筑或收藏品的传承，为人类留下了数量庞大的遗迹和雕刻艺术作品。这种"不朽+意义"的意识，体现了浓厚的纪念心理，成为人类关于文化遗产保护理论的早期渊源。（图1-2、图1-3）

---

① 朱章义，王方. 成都金沙遗址出土玉琮初步研究 [J]. 文物，2004（4）.

▲图1-2 博物馆展出的青铜器

▼图1-3 古希腊出土文物

按照国内外遗产的分类规则，遗产分为自然遗产（Nature Heritage）和文化遗产（Culture Heritage），当然也有少量的混合遗产或者双遗产。而文化遗产可以分为物质文化遗产（Tangible Heritage）和非物质文化遗产（Intangible Heritage）。其中，物质文化遗产又可分为占用馆藏空间类遗产（或称可移动文物，即馆藏文物、社会收藏的文物，就像青铜器、玉器）和占用土地空间类遗产[①]（或称不可移动文物，即历史街区、建筑或建筑群、传统村落、考古遗址、石窟寺、工业遗产、文化景观等，种类丰富多样）。本书的研究范围主要是物质文化遗产中占用土地空间类遗产，古建筑（群）、遗址、墓葬、石窟寺、长城、大运河文化景观等。（图1-4）

▲图1-4　内蒙古固阳秦汉长城

---

① 占用馆藏空间类遗产、占用土地空间类遗产这两个概念为作者所提出，便于读者了解物质遗产的分类原则。现行法规的划分方法为可移动文物和不可移动文物，作者认为以是否可以移动作为划分标准在实际工作中存在困境，如文物保护单位内大量保存的碑刻，已经人为挪动或者集中存放，是作为可移动文物登记还是作为不可移动文物登记就是个难题。

目前国内相关研究论著中能够见到关于文化遗产的定义有多个。其中，王晨、王媛著述的《文化遗产导论》为普通高等院校文化产业管理系列规划教材之一，作者通过文化遗产与文化财、文物、文化资源等不同概念之间的辨析，给文化遗产的定义是"文化遗产是历史遗留下来的，具有较高文化、历史、艺术或者科学价值，并以特定实物或者非实物的形态存在的人类创造物"，并阐明文化遗产具有四个方面的特征：与价值相关，与历史和时间有关，需以固定的形式和形态作为载体，与人类的活动和创造有关。

北京大学的孙华教授认为，遗产应该具有年代价值、珍惜价值、典范价值，并附带了个人、社群、国家的情感价值。没有完成代际传递的当代创造物不能作为遗产。遗产也应该具有稀缺价值，是具有珍惜性、典范性的人类创造的遗存。当代仍然流行的事物没有必要作为遗产保护，"20 世纪遗产"等遗产类型的概念应当慎用。[①]

这些定义和辨析较为清楚地反映了文化遗产的特征。当然，目前的定义只是暂时的，随着今后在研究与实践中的持续思考，文化遗产的定义还会更新。比如越来越受到重视的社会价值、文化价值、景观价值、经济价值等，随着新的理论发展，将会更清晰地被纳入定义。

至于文化遗产学，尚缺乏明确的学科规范和学术体系。

---

① 孙华. 遗产与遗产保护学——以文化遗产学的学科范畴为中心 [J]. 遗产与保护研究，2018（12）.

孙华教授认为,"文化遗产学研究人类遗存的类型、价值、保护和管理问题,是遗产保护学的重要组成部分"。目前,国内高等教育学科体系设置中,在法学门类之下,民族学(0304)的文化人类学设置有文化遗产专业,属于三级学科。不过,这种学科设置还是值得商榷的。欧美部分大学已经开始设立专门的文化遗产学学位,国内的大学或者学院尚未能够颁发文化遗产学的学位证书,与之相关的学科主要是建筑学(建筑历史与理论)、考古学、历史学、博物馆学、美学以及民族学、人类学、社会学、景观学等。文化遗产涉及相关学科类型和内容相当广泛,是一门综合性强的学问。

文化遗产学,个人认为应该是一门关于如何研究、定义、识别、分类、定级、保存、修复、管理、利用文化遗产资源作为社会资源的交叉学科,应列入社会科学研究范畴。从这一点上看,文化遗产学与哲学类似,都是研究其他科学的科学,并尽可能找到规律性、根本性的知识,其出发点就带有普世的价值观、致力于造福全社会。如果真的会有《圣经》提到的那种大洪水,而我们不得不建造一个诺亚方舟,将什么样的遗产带上诺亚方舟传承下去,就是这个学科的使命。

遗产与文艺复兴

现代遗产理念经过了一个漫长的萌发过程。众所周知,古希腊、古罗马曾创造了辉煌的文明。当时的道路系统已经非常发达,有"条条大路通罗马"的美誉,城市内有良好的供水基础设施,两千多年前的古罗马市民可以用上干净的自来水,至今仍能看到欧洲各地古罗马时期修建的大道(当时的国家高速公路)和水道桥系统。但好景不长,随着古罗马的衰落和基督教的崛起,辉煌的古代文明渐渐埋没在历史的尘埃中。研究表明,汉帝国对北方草原民族的军事行动,间接诱发了西罗马帝国的覆灭。汉帝国兴盛后对匈奴进行了持续的打压和追击,迫使部分草原民族西迁,逐渐发展至今德国、波兰等欧洲地区,即罗马帝国的北部区域。那里原来的北方蛮族迫于匈奴后裔的武力,向南侵扰罗马帝国。时值帝国衰退时期,北方蛮族的入侵最终导致了西罗马帝国的灭亡。公元455年,汪达尔王国趁罗马混乱之机,率舰队渡海,攻陷罗马,纵兵焚掠两个星期,罗马古文物遭到严重破坏,毁灭文化的"汪达尔主义"由此而得名。

　　基督教的兴起也恰逢其时,对欧洲文明产生了重要影响。公元313年,君士坦丁大帝颁发"米兰令",正式承认基督教的合法地位,立基督教为国教;公元476年,西罗马帝国灭亡后,欧洲陷入分崩离析的状态,欧洲的城市和文明快速衰落。欧洲于公元5世纪至14世纪末期进入了漫长的中世纪,教会成为统治一切的权威,科学、哲学、艺术等都成为神学的附属,加上宗教对知识的控制,这一时期特别是中世纪早期又被称为"黑暗时代"。直到十字军东征,陆续发现了在欧洲大陆失传已久的古希腊、古罗马文明,包括建筑遗迹、古代文献等,这些发现刺激了文艺复兴的诞生,黑暗时代迷雾渐开。

现代遗产理念萌发于文艺复兴时期，其主要主张就是揭开被湮没的文明，通过古希腊、古罗马遗产的知识，恢复往日的辉煌。没有文艺复兴，后来的人文精神、启蒙运动、科学革命、工业革命、信息革命何时到来、能否到来，都是未知数了。可以说中世纪晚期欧洲利用遗产不仅仅恢复了部分古代记忆、知识，还对经济、社会、文化产生了深刻而持久的影响。几百年来，全球特别是欧美地区，伴随着文艺复兴带来的精神财富和大航海带来的物质财富，像加了催化剂一样快速发展起来。遗产所蕴含的价值，极大地改变了人类社会的发展进程。

早期实践

18世纪是现代遗产保护理念诞生的初期，现代遗产保护实践在法国、英国、意大利等国率先开始。

在文艺复兴的影响下，意大利对文物古迹修复产生了浓厚的兴趣。18世纪，这种思潮逐渐传播至英、法等欧洲其他国家。这一时期是建筑修复者的实验阶段，采用的方法主要是置换法，即以修复建筑为理由，进行哥特式和罗马式的建筑设计练习，恢复理想中的古代建筑形态，修复方法总体缺乏目的性、科学性，属于以复兴为目标的拼凑修复方法。（图1-5、图1-6）

▲ 图 1-5 雅典城内的古罗马市场

▼ 图 1-6 古罗马斗兽场

文化遗产保护在法国和英国的诞生背景却不尽相同，法国起步最早。[①] 由于法国启蒙运动的兴起，人文意识觉醒，继而爆发了血腥的大革命，国王和大量的贵族被送上断头台，闹到连革命党人内部都互相残杀，最后局面失控，社会秩序遭到了严重破坏。宫殿、教堂、别墅、城堡、庄园等很多原来属于国王、教会和贵族的私有财产，因无人或无力照料而荒废，珍贵的古物遭到破坏或者倒卖，国家便接管了其保护与管理工作，投入公共资源予以照料和修复。1830年成立的法国历史建筑总检察院，成为以后很多遗产保护机构的榜样。

而对于英国来说，革命就要温和得多，遗产保护模式也略有不同。国王、教会和贵族的财产得以保存，遗产保护的背景主要是由于工业革命的兴起，城市人口增加，需要更多的发展空间，也需要就近建设工厂。之后随着火车与汽车的相继发明，城市内需要铺设铁路、拓宽道路等基础设施工程，这些都对城市原有建筑群落、城市景观、街巷肌理等造成了很大冲击。在这种背景下，一些有识之士开始呼吁和致力于历史建筑的保护工作。英国于1877年成立古建筑保护协会（Society for the Protection of Ancient Buildings，SPAB），这是其启动遗产保护工作的主要标志。

在此插一段题外话，这些年希腊和意大利这两个国家的福利是出了名的好，比美国、英国、法国、德国都好，假期多、工资高，为什么？谁让她们是西方文明的发源地呢。大

---

① [俄] 阿列克·伊万诺维奇·普鲁金. 建筑与历史环境 [M]. 北京：社会科学文献出版社，2011：3-4.

家的精神世界受益于她们的遗产，所以欧美国家很溺爱这两个国家，给钱方面是不吝惜的。2008年前后国际金融危机集中爆发时期，希腊、意大利等国先后陷入债务危机困境，欧美国家继续不遗余力地予以支援，除了稳定全球经济的考虑，可能与这种古希腊、古罗马情结也不无关系。想一想联合国教科文组织的标志就明白了，没错，是希腊雅典卫城遗址上的帕提侬神庙（Parthenon Temple，也有译为帕特农神庙）。（图1-7、图1-8）

▲图1-7（a） 联合国教科文组织标志

▲图1-7（b） 雅典卫城遗址

▲图1-8 雅典卫城遗址解读系统

修复与反修复

英国、法国、意大利等各国建筑保护工作者们主要开展了建筑单体和城市历史中心的修复工作，力图恢复其往日的荣光，并产生了不同的保护理念和修复流派，探讨建筑保护修复的方法论。整个19世纪的修复工作大致经历了三个阶段：艺术修复阶段、风格修复阶段、多流派齐鸣阶段。

19世纪初期的保护修复工作属于艺术修复阶段。主要集中在建筑、建筑群和珍贵古物保护修复方面，建筑保护者往往根据自己的理解，增加艺术构件，将受损建筑恢复到完美的艺术审美状态，带有强烈的浪漫主义色彩。

19世纪中叶，进入风格修复阶段。以法国建筑师勒·杜克为代表人物。风格修复主张采用一定的研究和类比方法，探究建筑历史沿革，考察其初始设计形式或鼎盛时期的建筑原形。设计工作参照同期类似建筑作品，力求将古建筑修复至统一的风格，兼顾艺术性和建筑的活化利用，并坚持修复工作有利于建筑保存的原则。风格修复方法的贡献在于开启了遗产保护的方法论探讨，影响了欧洲各地的建筑遗产保护工作。2019年巴黎圣母院大火烧毁的中央尖塔，就是19世纪中叶勒·杜克主持修复工程时增加的。（图1-9、图1-10）

19世纪中后期至20世纪初期，进入多流派争鸣阶段。

反修复理论。与风格修复方法同时诞生的还有反修复理论，代表人物是英国的著名艺术评论家约翰·拉斯金，他明确反对修复理论。拉斯金反对文物修复，认为既然老化是自

▲图1-9 法国卢浮宫

▼图1-10 英国利兹城堡

然规律，除了必要的日常维护，就没必要进行改动或替换，应坚守唯一性、真实性。他认为观察一座古建筑的目光，应略带焦虑；尽最大努力去保护它，不惜一切代价避免它坍塌。要像对待皇冠上的宝石一样对待每一块石头；要像守卫城堡的士兵观察敌情一样细心观察它。松了的地方要用铁器固定，倾斜的地方要用木材支撑；别去在乎这些保护措施并不美观。①

拉斯金以艺术鉴赏的角度探讨文物的保护方法，追求残缺美、历史感，鲜明地反对风格修复方法，反对在文物保护修复过程中追求最初或最完整状态而添加"假文物"；应最大限度地维持现状，最小程度地干预。英国建筑师威廉·莫里斯受拉斯金的影响，提出保守式整修理论，他认为已经逝去的不可修复，不当的修复会破坏真实的历史，时代已经不同，对过去的建筑或遗迹进行的修复只是仿制或者伪造。这些理念与拉斯金的理念一脉相承，可以被称为最小干预方法，在后来的实践中被证明更符合遗产真实性的要求。

文献修复理论。相对于针锋相对的杜克风格修复理论与拉斯金反修复理论，意大利的遗产保护专家在 19 世纪后半期至 20 世纪初期的理论探讨中，以卡米洛·博伊托、卢卡·贝尔特拉米为代表提出了折中的文献修复理论。该理论将建筑或遗址看作历史的见证者、记载者，视作历史文献的组成部分，因此可以对照文献进行适度的局部修复，但要求修复工作有

---

① [芬兰] 尤嘎·尤基莱托. 建筑保护史 [M]. 郭旃，译. 北京：中华书局，2011：250.

理有据，应有明确的文献依据和扎实的研究基础，避免臆测推断，新增加的部分应有明显标记和区分。

而在历史城市保护方面，也不断面临挑战。工业革命后，欧洲很多历史城市面临着街道扩宽、历史建筑拆除、现代化设施建设、老城居民外迁的争议，即便是在保护意识最早萌发的意大利，古罗马斗兽场是否拆除也曾被讨论。19世纪末20世纪初，佛罗伦萨古城的改造扩建曾遭到了社会的激烈抗议，其间拆除了数十条街道和花园，5000名老城居民被迫搬迁，引发了整个欧美地区保护佛罗伦萨古城的声援活动。激烈的抗议活动才使得佛罗伦萨古城得以保存，免遭现代化破坏。当然，同时期的古代遗址保护工作更趋近于现代遗产保护理念，尊重遗址现状，主要实施可识别的保护及加固工作。

严肃的反思

1933年至1971年，是现代遗产保护理论逐渐成形、奠基的时期，提出历史遗产保护的使命、目标，建立现代遗产保护理念和方法论体系。以1933年的《雅典宪章》为标志，开始强调城市中的历史遗产是城市的有机组成，应与周围环境构成一个整体。遗产保护的对象由伟大的古建筑、古遗址逐步扩展至整体城市范畴，开始注重建筑遗产与周围共生环境的整体性保护工作。

遗产保护实践中逐渐改变对建筑遗产修复至完整形态的

做法，引入考古式建筑修复理论。对待考古遗址更是强调原貌保存，即便是实施建筑或遗址修复工作，也力图将新增加的部分与原有遗迹予以区分，即远看和谐、近看有别。鼓励对不同的遗产采取因地制宜的保护措施，并重视所有干预措施的档案信息记录工作，遗产保护干预措施正式引入科学保护方法。

第二次世界大战给遗产保护理念带来了不小的波动和冲击，战争期间的轰炸和破坏对欧洲历史城市造成了沉重的打击，战后进行了历史城市大规模的快速修复工作，以波兰的华沙城为代表性案例，建筑被修复为文件批准时的样貌，文艺发展黄金时期建筑所具备的所有空间和艺术构造的优势都被表现得淋漓尽致。[1] 其他部分国家这种战后修复工作有些使用了现代结构和钢筋混凝土方法，这些修复策略由战争破坏的城市波及其他历史城镇。很多战后修复工作无法按照宪章的要求坚守遗产保护原则，没有文献记载的情况下甚至采用了浪漫主义的推测修复方法。一些遗产的历史信息在战后修复中受到损伤。

针对战后修复工作实践，文化遗产保护行业及时进行了严肃的讨论和反思，这一时期的代表性文献是《威尼斯宪章》（1964年）。宪章将遗产置于全人类价值的框架下去思考，反思战后修复工作的不足，同时开宗明义地阐明："世世代代人民的历史古迹，饱含着过去岁月的信息留存至今，成为人们

---

[1] [俄]阿列克·伊万诺维奇·普鲁金.建筑与历史环境[M].北京：社会科学文献出版社，2011.

古老的活的见证。人们越来越意识到人类价值的统一性，并把古代遗迹看作共同的遗产，认识到为后代保护这些古迹的共同责任。将它们真实地、完整地传下去是我们的职责。"通过及时的反思，提出真实性、完整性理念，使文化遗产保护工作重回正轨。

《威尼斯宪章》系统性地明确了文物古迹保护与修复、考古发掘的基本原则，强调历史古迹不仅包括单个建筑物，而且包括能从中找出一种独特的文明、一种有意义的发展，或者一个历史事件所见证的城市、乡村环境；保护与修复古迹旨在把它们既作为历史见证，又作为艺术品予以保护；保护与修复必须求助于对研究和保护考古遗产有利的一切科学技术。

《威尼斯宪章》总结反思了此前各个流派的修复理论，反对追求风格的统一，提倡更为科学的保护方法。宪章提到，各个时代为古迹建筑物所做的正当贡献必须予以尊重，也就是不同时期有意义的改动和历史信息均应予以保护，如果一座建筑物含有不同时期的重叠作品，非极特殊情况不得去掉后期信息来揭示早期信息，类似于遗址考古清理的要求。修复过程是一个高度专业性的工作，其目的在于保存和展示古迹的美学与历史价值，并以尊重原始材料和确凿文献为依据。任何不可避免的添加都必须与该建筑原有构成有所区别，并且必须有现代标记，且修复之前及之后必须对古迹进行考古及历史研究。

虽然这一时期主要的遗产保护理念焦点仍然集中在物质

和技术层面上,但已经开始思考文化遗产保护的灵魂——价值了,认识到人类各种价值的统一性,从而把古代的纪念物看作共同的遗产,通过严格的保护措施保护传承文物古迹的历史信息,通过合理的开放利用为城市和社会提供服务,并力争不走样地传递给后人。

半个多世纪过去了,宪章所确定的古迹遗址保护原则至今依然被广泛认可和践行。(图 1-11 ~ 图 1-13)

▼图 1-11 第二次世界大战后恢复的法国图尔古城

▲图 1-12　佛罗伦萨古城（激烈运动下才得以避免因现代化而遭到改造、扩建）

▼图 1-13　威尼斯圣马可广场

价值、价值、价值

1972年至1993年，以联合国教科文组织推动的《世界遗产公约》(全称为《保护世界文化和自然遗产公约》)诞生为标志，文化遗产全球合作体系日趋完善，备受关注的遗产保护范畴更加广泛。宏观方面，进一步推动遗产与周边环境的整体性保护，文化景观概念逐渐形成与发展；物质文化遗产与非物质文化遗产融合保护正式提上日程，非物质文化遗产于1982年开始出现在UNESCO的文件中，而此前的主要工作是集中在重要建筑物或考古遗址的结构和外观保护上。微观方面，更加强调遗产的良好维护、预防性保护、监测与风险管理；法国、意大利等国引入了现代科学技术应用于遗产保护实践中，包括新型材料技术、计算机技术、激光扫描技术等。

文化遗产应该是形神兼备的，其构成载体是"形"，内在价值是"神"。遗产保护领域也开始更多地关注遗产所蕴含的广泛价值和意义，以应对全球化给文化多样性、人类危机等带来的诸多挑战。价值在遗产工作中的核心地位得以确认，对全人类具有全球性意义的遗产，被认为具有突出普遍价值（Outstanding Universal Value，OUV）。请记住这个OUV，它是当代文化遗产保护理念的重要基石，相关的保护管理工作围绕着它展开。代表性文献包括《保护世界自然与文化遗产公约》《实施〈保护世界自然与文化遗产公约〉操作指南》（简称"操作指南"）、《欧洲建筑遗产宪章》（1975年）、《马丘比丘宪章》（1977年）、《华盛顿宪章》（1987年）等。除历史、科学和艺术这些内在价值，文化价值、社会价值、经济价值、景观价值、历史城市整体价值等外在价值也逐渐被讨论和认可，价值为本的理论方法体系逐渐成熟。

欧洲在 20 世纪后期的遗产保护理论发展方面继续担当了重要角色，在 1954 年签署《欧洲文化公约》的基础上不断发展新的遗产理论体系。1975 年签署的《欧洲建筑遗产宪章》宗旨是让公众意识到无论哪个国家，文化遗产都蕴含着不可替代的文化价值、社会价值和经济价值。这标志着对文化遗产价值认知的扩展和深化，价值内涵在此前历史、科学、艺术价值的基础上进一步丰富，由内在向外在扩展。1985 年《欧洲建筑遗产公约》使得文化遗产保护纳入国家间法律公约体系，为全球文化遗产保护构建具有更强约束力的法律体系提供了榜样。国际合作机构、政府机构、非政府组织等构成了更为复杂的遗产保护管理体系。以政府为主导的遗产保护管理方式，逐渐转变为以社会为主的模式，非政府组织发挥了越来越重要的作用。

经过几十年的探索和不断完善，价值逐渐成为全球各地文化遗产申报、登录、保护、管理、利用体系中最为核心和主导性的内容，遗产的真实性、完整性讨论以及保护管理的条件、手段等围绕着价值展开。随着时代的发展，关于价值的评价标准也在改变，从早期的关注伟大的建筑或遗迹，逐步走向关于文化多样性的关注，对人类命运的人文关怀与日俱增，更多地从文化和社会的角度看待价值，从文化和自然融合的角度看待价值，比如文化景观、文化线路、运河遗产等遗产类型逐步纳入文化遗产保护体系。

无论遗产的覆盖领域和保护观念如何发展变化，价值在文化遗产保护领域的核心地位得以巩固和确认，逐渐成为基本的保护逻辑和方法。熟悉申遗工作的人都知道，从申报文本一开始，遗产的价值评估、认定、阐明就是非常关键的一环，这个问题讲不清楚，会直接影响申遗的成功。与故宫、长城、周口店遗址等早期的世界遗产轻松入围不同，近几年由于世界遗产委员会对缔约国每年申报数量的限制，世界遗产申报工作的难度越来越大、竞争越来越激烈，杭州西湖、鼓浪屿等在申报过程中，都在研究和价值认定方面开展了扎实的基础工作。（图 1-14、图 1-15）

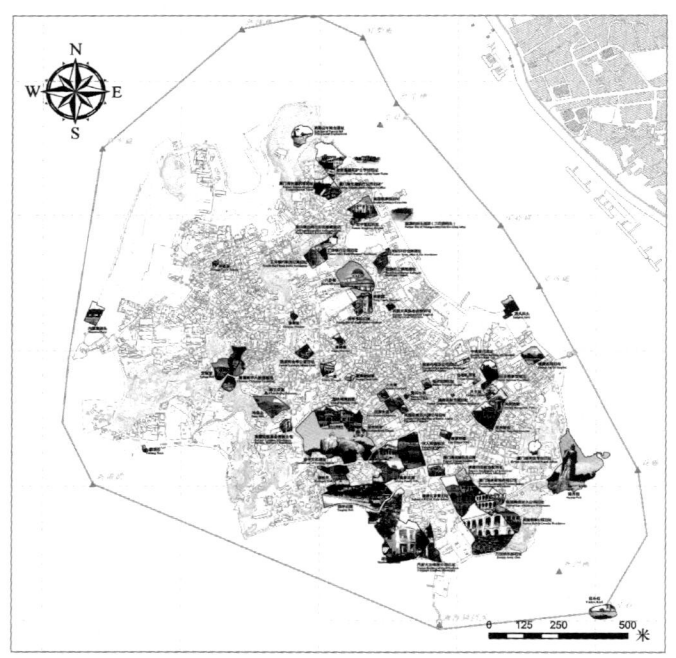

▲ 图 1-14　鼓浪屿文化遗产核心要素及重要地标分布图

▲ 图 1-15　鼓浪屿历史照片（19 世纪 80 年代）

扑朔迷离的真实性

　　1994 年至今，是遗产保护理念快速演化的变革时期，以《奈良真实性文件》为标志，世界遗产的普世价值标准与国家、民族的文化多样性需求在矛盾中妥协整合。同时，遗产领域前所未有的关注遗产与可持续发展的关系，对文化遗产价值的认识更加深化，提出三大支柱的保护体系（支撑起文化遗产保护"大厦"的三个支柱分别为价值、真实性/完整性、保护管理），尤其是更加关注有关遗产真实性的探讨。

　　真实性（Authenticity）是与遗产价值相互协作、密不可分的遗产概念。之所以需要明确遗产的真实性，是因为价值不能凭空产生，你可以理解为价值的体现需要一定的载体或者构成要素，譬如说一组建筑、一处考古遗址、一处空间地点、一段文字，甚至是遗留下来的古代传统或者传说，这些都能让价值得以落实、有理有据，而不是空中楼阁。此外，因为体现价值的这一系列载体需要得到较好的传承与管理，也更加强调遗产完整性（Integrity）和保护管理条件。

　　新的保护理念下，对遗产价值及其真实性的认定难度进一步加大。近年来有两个影响真实性研究的新趋势值得关注。

　　一个趋势是融合发展趋势。自然与文化混合遗产逐渐被文化景观取代，近年来将很多遗产以文化景观的类型列入遗产名录，关注文化和自然景观的联系，遗产的内在价值与外在价值认定范畴更为宽泛。这些新趋势使得遗产价值更加难以准确地把握，其真实性、完整性保护的难度更大。有一个例子，中国申报登封市相关建筑为世界遗产的时候，起初是将申报名称和策略定为登封历史建筑群，最终世界遗产组织以"天地之中"的名称将其列入名录，可见不考虑周边环境景观联系的"建筑群"已经不那么受欢迎了，五台山、杭州西湖、鼓浪屿等一大批遗产均以文化景观的类型列入《世界遗产名录》。海上丝绸之路、景迈茶园、北京中轴线（含北海）等世界遗产预备项目正在积极筹备申遗工作，如何认定其价值、价值载体和真实性将是非常关键的研究内容。（图1-16）

另一个趋势是社会意志的更多介入。文化遗产激发了各国弘扬民族传统文化的热潮，社会意志越来越多地体现在遗产保护管理中，国家和民众两个层面都更加积极地参与文化遗产工作。与此同时，全球遗产保护工作也更加注重平衡与

▲ 图1-16 鼓浪屿全景（历史城市与自然环境有机融合在一起）

多样化，尊重文化的多样性与普世性，跳脱出单纯欧美的保护模式与经验，亚非、拉美等地区更加广泛地参与到文化遗产保护工作中。这些变化对遗产真实性认定同样产生了明显影响，既要坚持相对统一的真实性认定标准，又要尊重文化的多样性，允许不同的国家和地区对真实性有丰富多样的理解。当然，广泛的社会参与，提供了更好的文化环境，有利于文化遗产的健康传承。不过偶尔也有负面的例子，2018年的世界遗产大会某个国家临上会前把一处矿冶遗产申遗项目撤下了，原因是采矿许可继续有效，如果列入遗产将影响其矿产开发工作；虽然国际组织尊重申报国撤回的权利，但无法认同这种过于随性的做法。

这一时期代表性文献包括《奈良真实性文件》《东京愿景》《奈良真实性文件新20条》等。近年来，国际文化遗产领域不断涌现出新的概念，所关注对象的类型有朝综合化、动态化、巨型化和非物质化等方向扩展的趋势，文化遗产原有类型间的界限变得日益模糊，使文化遗产保护任务在日益加重的同

时,面临着更为广泛和复杂的问题。① 此外,文化与自然遗产融合保护的理念越来越成为共识,2017 年,国际文化财产保护与修复研究中心(ICCROM)和世界自然保护联盟(IUCN)等国际遗产咨询机构在挪威联合举办了"世界遗产管理中联结自然与文化的国际课程",同年年底国际古迹遗址理事会(ICOMOS)在印度德里通过了《关于遗产与民主的德里宣言》(简称《德里宣言》),对这一共识进行了系统的阐明。

与国际接轨

回眸 18 世纪以来文化遗产特别是历史城市和建筑遗产保护历程,保护修复理念不断发展演化,价值的重要性逐渐浮出水面,遗产价值的真实性、完整性保护逐渐成为文化遗产保护理念的核心内容。(表 1-1)

表 1-1　现代遗产保护理念方法发展演化进程简表

时期	保护理念与方法	理念要点
18 世纪	拼凑式修复方法	保护修复实验阶段,自由发挥
19 世纪前期	艺术修复方法	保护修复追求完美的艺术效果
19 世纪后期	风格修复理论	研究工作开始介入,方法论初见雏形,追求鼎盛时期或最初的设计风格
	反修复理论(避免干预)	反对修复,反对不必要的改动或替换,应坚守唯一性、真实性,维持历史残缺美,新修复的部分是仿制的
	文献修复理论(历史性修复)	修复工作应有明确的文献依据和扎实的研究基础,有历史依据,避免臆测推断

---

① 单霁翔. 文化景观遗产保护[M]. 天津:天津大学出版社,2015:128.

续表

时期	保护理念与方法	理念要点
20世纪前期	科学保护理论（考古式）	引入考古式建筑修复理论；主张量身定制的科学保护措施，强调日常维护与科学管理；可以适度采用新技术，但新旧有别，要求所有修缮或干预措施均设立档案予以记录
20世纪中后期	价值为本的保护方法	以科学方法保护遗产真实的内在价值——历史、科学、艺术等；物质文化遗产与非物质文化遗产应同样受到重视、整体保护
20世纪末21世纪初	价值为本的整体性保护理论	保护方法论朝宏观和微观两个方向深化发展。强调真实性与完整性的内外价值兼修；扩展了文化、社会、景观等价值；文化遗产与自然遗产链接保护；通过遗产保护推动可持续发展

国内的遗产保护实践与欧美地区遗产保护历程相比起步要晚。民国时期，国内外考古学家的考古调查发掘和梁思成等古建筑保护学者的调查研究初步拉开了中国遗产保护实践的大幕，部分文物古迹得到调查、测绘甚至修缮。中华人民共和国成立之后开始系统地立法，陆续建立起文物保护管理法规体系，文物古迹开始得到系统的保护，发展至今，成绩斐然。令人扼腕的是，法律体系的完善与文物古迹遭受损失在此后的几十年里同时存在，部分历史城市、古城墙、文物古迹在国家建设、革命运动、重建修缮中受损。就连故宫的改造也曾被论及，天安门广场改造规划过程中，其中有一版方案是将故宫改造作为中央办公区，所幸并未付诸实施。

自1985年中国加入《世界遗产公约》之后，我们与国际社会的沟通和交流日益频繁。我们努力加入国际遗产保护话语体系的同时，也做出了应有的贡献，比如线性遗产保护（一带一路、大运河）、东亚地区遗产保护方法、木结构古建筑保护对策、新技术在遗产保护中的应用、遗产监测、遗产评估、预防性保护等，中国都在发挥着建设性的作用。中国致力于搭建交流平台，并促成了一些遗产保护共识性文件，包括 2005 年《西安宣言》、2007 年《北京文件》等。与国际接轨正在进行，改革开放的成果在文化遗产领域也是显而易见的。

一直以来，国内通常不使用遗产保护这个词语作为法律用语，一般称为文物保护，最主要的法律为《中华人民共和国文物保护法》，并不是遗产保护法。这或许与我们通过金石学、考古学去研究古代历史的传统有关。如今，越来越多的专业人员意识到，以文物为本的法律体系已经逐渐难以适应不同类型遗产融合保护趋势，难以有效为遗产价值保驾护航，非物质文化遗产、景观遗产、工业遗产、乡土遗产大部分被隔离在文物保护范畴的外围。

在遗产的内涵和外延方面，我们也在不断地探索和更新。1949 年中华人民共和国成立至 21 世纪初，不可移动文物主要是关注古建筑、古遗址、古墓葬、近现代建筑、石窟寺、壁画、革命史迹等类型，认定年代上也主要限定在中华人民共和国成立之前。最近 20 多年来悄然发生了一些变化，全新的文物类型逐步纳入保护体系，认定年代也扩大到中华人民共和国成立之后，有的直接被列为全国重点文物保护单位，比如袁隆平的实验稻田、大庆第一口油井等。如果社会各界达成一致，将 2008 年北京奥运会的主会场——鸟巢列入保护名单也不是不可能的(悉尼歌剧院已经列入《世界遗产名录》)，它对于崛起的中国来说，意义实在太大了，很多国家就是通过那届奥运会才开始了解中国的。

在遗产保护理念和共识方面，我们与国际遗产保护的前沿差距正在缩小，但发达国家走过的弯路、经历过的阵痛，我们也陆续在经受。佛罗伦萨古城曾经面临的困境，我们也正在面对。以史为鉴，有利于定位我们的文化遗产保护工作处于何种阶段、走向哪里。相关案例反映出，国内实践主要停留在 19 世纪后期风格修复、保守修复、文献修复等几种理论的纠葛阶段，对遗产价值体系建设尚未投入足够的重视。最小干预、不改变原状已成为国内文物古迹保护行业准则，在实践中还是应进一步落实到细节操作流程中。

《中国文物古迹保护准则》(2015 年修订版)[①] 进行了有益的总结和探索，将文化景观、文化线路、遗产运河等类型也纳入了文物古迹保护范畴，并兼顾了工业遗产、乡土建筑、20 世纪遗产等不同遗产类型的保护利用，这些努力都有利于将文物古迹与文化遗产（Culture Heritage）对应起来，在理论、法律、制度、实践不同的层面中真正与国际接轨，为全球命运共同体构建做出我们应有的贡献。《中国准则》所形成的理论共识未来一定在法律体系、管理制度、工程实践中开花结果。(图 1-17、图 1-18)

---

① 后文简称《中国准则》。

▲ 图 1-17　成都东郊记忆工业遗产

▲ 图 1-18　大运河遗产

咖啡与茶

国内的遗产保护话题也难免会产生激烈的争论，总体来看主要有四大争议焦点。

第一，建设与留存。

第二，保护与利用。

第三，政府与公众。

第四，"置换"与真实性。

围绕这四种基本的争议，每年都会发生一些热点案例。还记得故宫的星巴克事件吗？2007年1月12日，某央视财经频道主持人在其博客中，抨击美国知名咖啡店星巴克在北京故宫开设的分店，认为这种文物内部商业行为是对中国传统文化的大不敬，而且故宫内怎么可以开设代表西方文化的咖啡馆呢？于是该主持人以个人名义抗议并要求咖啡馆搬出故宫。之后各方媒体报道铺天盖地，网友也给予强烈支持。迫于舆论的压力，半年后星巴克黯然撤离了故宫。如果是在故宫内开设非豪华茶馆呢，应该不会要求予以驱赶。我们可能忘记了，故宫内有一个重要的开放展览就是钟表展，里面展示了很多非常精美的西洋钟表，不至于沾了西方文化的就扔掉。作为有传统、有担当的大国，我们更应该有文化自信。

试想，如果在法国巴黎的卢浮宫或英国的大英博物馆开一家中式茶馆（不是英伦下午茶），法国、英国的民众和媒体会如何反应？其实，并不是文物古迹内设置现代商业就一定要反对，需要对话和交流，因时因地探讨商业利用、不同文化之间的接触是否影响了遗产保护。在比利时的鲁汶城内，我曾经入住过一家酒店，它是世界遗产核心区内一栋数百年历史的老建筑改造而成的，用于商业目的，接待来自全球各地的游客，老建筑保护利用状况就很好，并未因此影响世界遗产的保护管理。

2018年故宫角楼咖啡馆开张了，咖啡馆再次回到故宫。今时再前往故宫参观，西式咖啡、中式茶饮、中西简餐以及炎炎夏日里的凉爽冰淇淋，这些都能享受到。说明10多年过去了，遗产保护理念也在发生积极的变化，管理机构更加开放和人性化，公众也更加包容。

但咖啡与茶的对话还会继续。其实无论有多少争议，只要我们拥有思辨的理性、对话的能力，都将会逐一化解。（图1-19、图1-20）

可以看到，文化遗产保护情况越来越好。全球化大背景下，有理由预判国内文化遗产保护工作将会出现如下几个主流趋势：

第一，文物保护框架逐渐转变为遗产保护框架，与全球遗产保护体系更加接轨，法规体系变革下不同类型遗产之间的融合更为紧密，整体性融合保护将成为主流方式。

第二，文物保护项目中的"风格修复""置换"做法将渐行渐远，更加重视价值的核心作用，真实性将成为普遍共识和行为准则。

第三，价值认知体系将更为丰富，历史、科学、艺术、文

▲图 1-19 比利时鲁汶紧邻世界遗产区的酒店

▼图 1-20 酒店内景

化、社会、经济、景观、民族等因素将共同构成更为复杂的价值体系。

第四，政府为主导的管理模式，将逐渐转变为政府与全社会协同治理的文化遗产管理模式，文化遗产对全社会的贡献度将显著提高，涵盖文化软实力和经济硬实力两个方面。

第五，科研和考古工作将重新成为文化遗产保护工作的重中之重，艺术、审美因素也会在其中得到更广泛的尊重和认可。

这些新趋势，有些已经悄然发生。

第二章

遗产使命：为人类贡献价值与意义

你能看到多远的过去，就能看到多远的未来。

——丘吉尔

人类命运简史

根据目前考古学家的研究，人类的历史可以追溯到 400万—500 万年前，甚至达到了 700 万年，那是黑猩猩与人类在进化线索中独立开来的时间点，尽管我们和黑猩猩之间有 98% 的共享基因。几百万年的进步历程中，人类在大多数时间里都是狩猎采集者的身份，直到距今 1 万年左右，情况发生了奇妙的变化，之前人类还住在洞穴和丛林里，突然之间就学会了务农且会建造城市和房屋，今天我们甚至住上了高楼大厦，开上了汽车。上百万年来，人类一直过着茹毛饮血、穴居山洞的原始生活，自新石器时代到高度发达的城市文明，人类只用了1万多年的时间。这一切简直不可思议。（图2-1、图2-2）

美国的考古学家罗伯特·L.凯利教授认为人类历史上共发生了四次突破性的升级或者说革命。

第一次升级是近百万年来人类掌握了石器、用火等工具，特别是学会使用火，南非一处洞穴的最早火塘测年已经达到了百万年。用火丰富了人类的食谱，提高了消化效率，更多的能量可以用于维持大脑运转，让人类脱颖而出，南方古猿等其他人属逐渐销声匿迹。

第二次升级距今大约7万年，人类开始有了审美、思想和文化，已经有了最早的神话、故事和早期艺术创作，有了对世界的理解能力和认知能力，这些转变由我们的祖先——距今约7万年走出非洲、迈向全球的智人创造。智人走出非洲后占领了欧洲、亚洲，漂洋过海向东南亚和南太平洋地区发展至澳大利亚及周边岛屿，另外一个分支于晚些时候向东跨过白令海峡向美洲跃进，迅速占领北美洲、南美洲，导致了美洲大陆大型动物的灭绝。①

第三次升级是距今1万年左右发生的农业革命，人类开始定居，人口得以增长、繁衍，村镇、城市出现，有了专业化的分工协作，文明的曙光初现。

---

① [美]贾雷德·戴蒙德. 枪炮、病菌与钢铁[M]. 上海：上海译文出版社，2006.

▲ 图 2-1　万寿岩旧石器洞穴遗址（发现了最早的人造室内地面）

▼ 图 2-2　典型的现代城市居住小区

第四次升级是距今 5000 年左右，城邦和国家诞生，人类可以修建金字塔和大型水利工程，建设 10 万甚至 100 万人口的超级城市，文明蓬勃发展至今。①

以色列作家、历史学家尤瓦尔·赫拉利教授有相似的观点，他认为人类社会分别发生了认知革命、农业革命、科学革命、信息革命。② 两位分别为考古学家和历史学家，对工具革命（尤瓦尔·赫拉利教授虽然没有明确提出，但在其书中仍有类似表述）、认知革命、农业革命这前三次革命的看法基本一致，两位在第四次革命的时间节点方面出现了分歧。凯利教授将 5000 年前国家文明的出现作为第四次革命的关键节点，而将公元 1500 年以来的科学革命称为"第五次变化"，赫拉利教授则认为最近 500 多年来科学革命即文艺复兴之后科学大发展是第四次革命。

无论怎么表述，学者们对人类的几次革命性进步的划分总体上大同小异，特别是过去的 1 万年，人类创造了无与伦比的辉煌，至少是老虎、狮子没有做到的，尽管它们的个头、力气、速度都比我们有明显优势。我更倾向于赫拉利教授的看法，因为农业诞生后人口聚集，村镇与城市形成，国家文明就显得水到渠成（当然也有例外，比如游牧民族，在个别时期较为分散的组织也形成了庞大的帝国）。回顾了人类的革命性进步史后，两位教授都不约而同地把目光放在了未来，

---

① [美] 罗伯特·L. 凯利. 第五次开始——600 万年的人类历史如何预示我们的未来 [M]. 北京：中信出版集团，2018.
② [以色列] 尤瓦尔·赫拉利. 人类简史——从动物到上帝 [M]. 北京：中信出版社，2014.

表达了对人类命运的关切甚至担忧,显然第五次革命已经扑面而来,即信息革命。(表2-1)

表 2-1　人类的五次革命性进步一览表

革命性进步	年代	标志性事件	主流文明形态	对人类的影响
第一次	距今百万年—距今7万年	工具革命:石器、用火	狩猎采集	大脑容量增加,智力发育,提升了生存能力、协作能力、适应能力,能够远距离迁徙
第二次	距今7万年—距今1万年	认知革命:思想、故事、文化	狩猎采集	智人得以存活,大脑继续进化,认知革命出现。从而衍生出了语言系统和想象、族群、最初的宗教和神等。智人大范围迁徙扩散,占领全球各地
第三次	距今1万年—距今500年	农业革命:农业、村镇、城市、文明	农业文明	有了固定的食物来源,有了村镇甚至大型城市,人口增加,财富增加,大规模协作分工出现。文明曙光初现,货币作为兑换和流通的工具,文字和国家也随之出现,人类出现了大规模的协作和大型公共工程
第四次	距今500年—20世纪中期	科学革命:科学知识大爆发	工业文明	人文精神觉醒,科技大爆发,物理、化学、生物等知识系统出现,工业革命,火车、飞机等发明,人类的知识迅速扩张,社会财富迅速提高

续表

革命性进步	年代	标志性事件	主流文明形态	对人类的影响
第五次	距今约50年	信息革命：计算机、互联网、人工智能、区块链	信息文明	互联网、大数据和人工智能等出现，建立了全球贸易网络，全球化趋势不可阻挡，对人类的影响仍然未知

每一次人类文明的跃进，其实不全是益处，也一直伴随着人类的痛苦。例如，农业革命，带来稳定食物和定居的同时，也为细菌的传播创造了良好的条件，人类在很长一段时间内不得不面对时常发生的饥荒，不得不面对日益繁重的劳役，不得不面对传染病和瘟疫一次又一次的威胁。

这一次信息革命，不仅仅是带来痛苦那么简单，还会导致可能的生存危机和全球性焦虑，相当一部分人担忧人工智能会取代人类的地位，成为新的物种，成为这个星球的主宰。

人类的身心，开始承受双重的挑战。

力量的源泉 —— 协作

回顾过去，人类历史正在经历加速发展的进程，像自由落体的铅球，速度越来越快。在粗制石器时代，人类100万年才会有一些进步和变化；发明了用火、精细石器后，人类大约每1万年会有一些进步和变化；农业革命之后，人类每1000年就会产生文明的极大进步；科学革命之后这几百年来，每 100 年人类都在发生着翻天覆地的变化；最近这 100 年更是疯狂，信息技术快速变革，每 10 年都会发生你难以想象的巨变，互联网、大数据、人工智能、区块链这些概念接踵而来，特别是在中国这样高速发展的国家里，10 年前似乎已经是遥远的另一种光景了。

想象一下，1 万年前的古人类是怎么生活的。典型的场景是他们住在浅山区的一个山洞里，周围是茂密的丛林和一条平静清澈的河水，无数的鱼儿在水中游来游去，肿骨鹿、野猪在林中自由地觅食，鬣狗、老虎等食肉动物在伺机而动。我们的祖先男女分工行事，男人们手持长矛、石器悄悄地靠近猎物，围猎食物，女人们则带着孩子采集坚果和植物根茎，留下老人缝补兽皮做的蔽体衣服，在山洞中伺候火塘，以保证火焰不会熄灭。1 万年后的今天，环顾周围，甚至找不到统一的生活场景，每个家庭、每个人的生活都丰富多彩，人类可以坐在有空调的凉爽房子内（虽然山洞也凉爽，但人们肯定更喜欢空调的房间）；当肚子饿了的时候，只需要打开外卖网页，选择一份喜欢的食物，大约 20 分钟后食物就会有人送到了，并不需要去狩猎。是什么让人类出于动物而胜于动物，获得了如此巨大的成就？（图 2-3、图 2-4）

协作。虽然我们可以找到很多理由解释人类从动物到上帝的过程，但其中一个被人类学家、考古学家、历史学家、社会学家都看重的原因是协作。如果让我单独冲到野外去打猎，我既没有速度追上一头肿骨鹿，也没有力量杀死一头犀牛。

▲图 2-3 鼓浪屿——社区居民在日常生活中感受着历史遗产

▼图 2-4 有轨电车在图尔历史城区内穿梭

我会被饿死。如今的社会却不同了，实际上如果现在想吃一顿牛排，动动鼠标就可以了，需要担心的是牛排煎几分熟更嫩。因为我们处在一个协作的网络里，就好像如果你想去旅行，你没必要辛辛苦苦自己造一架飞机（如果你可以），在互联网或者 APP① 订一张机票就好了。

著名的经济学家弗里德曼有一篇文章是《铅笔的故事》，该文以铅笔的视角探讨其背后的人类协作网络。一支微不足道的铅笔，包含木材、锌、铜、橡皮、石墨等几种制作材料，背后却蕴含了人类社会积累了数千年的智慧，有成千上万的人在分工协作，包括采矿、冶炼、化工、伐木、运输、设计、加工、油漆、经销等，数不清的技术和知识积累，而你不必学会这所有的技术，也不用参与任何一个铅笔制作环节，只需要 0.2 元去购买。这就是协作的力量。

从文化遗产角度解释推动人类协作的机制，有两个基本的因素可以考虑。一个是记忆力，这里不仅仅是指扩展的脑容量，而是人类通过传承获得的存储能力，人类的知识得以保存、传承、扩展，一代一代，积累的知识越来越多。另一个是想象力，想象力可以产生复杂的社会概念，可以帮助人类构成复杂的群体和形成各种文化概念，尤瓦尔·赫拉利教授称之为"故事"。别小瞧这些想象出来的概念或故事，国家、民族、宗族、公司、分工、货币、金融等，你生活中耳熟能详的这些都是，通过这些概念陌生人之间就可以产生大

---

① 手机中的应用软件。

规模协作。当你使用微信软件的时候，有时候会抢到微信红包，点开红包获得了 16.5 元，好开心，你坚信这个手机里的数字是有实际意义的，微信软件和银行替你记录了这个数字，而后真的可以用这个数字去换来一份早餐，颇为奇妙，想象力带来的奇妙。

协作还在扩大

一开始，人类是靠血缘关系维系小的共存群体，由几个人构成小家庭或者一个小村落，与动物界没有本质的差别，能够掌握和运用的资源有限。科学实验表明，人类单纯通过相互认识所能维系的族群，难以突破 150 人的界限。后来人类获得了想象力和理解世界的能力，通过姓氏等概念由小家庭构成一个小型宗族；再后来是扩大到氏族、部落、联盟、宗教等概念，融合了更多的人群，而后是民族、国家、自贸区，这种协作融合的趋势一直持续扩大，群体融合的规模数以亿计。你是否观察到这样一个心理现象：两个陌生人在校园中某个场合碰到一起，他们会关心是否来自一个学院，以及是否是老乡，哪怕是听说对方来自同一个省市，也会很开心，因为遇到了同乡。若是两个陌生人在国外的旅行途中相遇，这时候同乡的概念会超越省市，只要是来自中国或者祖辈来自中国，都会不自觉地欣欣然。如果有一天人类可以向系外星系扩展，在宇宙的另一端相遇时报一下地球的名号，也依然是他乡遇故知了,也许两个人分别来自中国和南非,相隔万里。仅仅"同乡"这样一个概念,可以在不同的场景下迅速拉近陌生人之间的关系。

纵观人类历史,我们可以看到协作、融合的范围越来越大。从人类的二态性较低可以推断出人类在远古时期就开始是一夫一妻制的婚配方式。① 而这种婚配方式通常会导致亲密的协作关系只维持在家庭这一单元上。然而人类以独特的方式突破了自然界和家庭人数的限制,虽然个别时期或个别地区是母系氏族社会或一夫多妻制,但不是主流,人类通过自己的方式既维持了一夫一妻制的家庭婚配方式,又创造了越来越大的陌生人协作网络。关键就在于如何讲这个故事。②全球的鲨鱼不会联合起来一起做一艘渔船来捕鱼,而人类会。

协作方式的变革,是推动人类集体文明发展非常重要的一个因素。众所周知,马克思关于生产力与生产关系有非常辩证的研究结论,生产力推动生产方式的变革,而生产方式反过来影响生产力的发展。人类的协作方式和协作规模,也是生产关系之一。而协作的范围越广泛、分工越细致,人类所创造的文明就越辉煌,至少截至目前两者是正相关关系。

---

① 二态性:一个物种两性之间体型的差异。相差较大,就称为二态性较高;反之如果一个物种两性体型接近,就被认为二态性较低。有关二态性的成因有这样一种假说:过去是群婚群居的物种,由于雌性资源有限,种群中更高大强壮的雄性个体垄断雌性资源,其基因更有可能得到遗传,根据进化论,经过长时间的基因选择,雄性的体型就会明显大于雌性。而一夫一妻制的种群由于没有经过此种基因选择,雄性不需要通过更大的体型来保障基因延续,两性之间的体型差别就会较小。

② 郑也夫. 文明是副产品 [M]. 北京:中信出版社,2016:7-11.

未来国家这样的概念是否会取消呢？一定会的，人类继续扩大协作、推动全球命运一体化只是时间问题，尽管这个过程时常发生一些小倒退。

全球协作一体化有几个基础。

第一个是生物基础。从基因上全体人类无论肤色如何，都有共同的祖先，人类的幸运之处在于基因的一致性，我们并没有分裂出新的人种。区分是否有新亚种的一个方法是看是否可以通婚并繁育后代，在这方面我们人类的确可以骄傲地自由组合，你娶回哪个国家的姑娘都不必有这个担忧。

第二个是经济基础。大规模的全球贸易网络和人类分工合作已经形成，一台笔记本电脑，电池、芯片、液晶屏幕、外壳、软件系统，至少是由十个国家共同合作完成的；某些地区没有农业，无法生产粮食，但依靠全球合作分工，依然可以解决食物问题。

第三个是文化基础。北美自由贸易区和欧盟就是一个很好的例子（虽然英国公投后退出欧盟，出现了一些小波折），但这些例证充分说明了国家之间的界限不是鸿沟，是可以弥合的；如果你在欧洲自驾车旅行，如果你不仔细观察国境线上那个欧盟的蓝色路牌，你不知不觉就从一个国家进入另一个国家了，没有任何人拦着你、查验你的护照；这类国家界限的弥合，除了适合的经济基础，文化因素至关重要，需要有共同的文化源流作为黏合剂。《世界遗产公约》框架下的文化遗产保护工作发端至今，一直非常强调全球的协作和交流。（图 2-5、图 2-6）

危机却如影随形

文明的诞生,不仅仅给人类带来了益处,也给人类带来了痛苦和灾难。大规模的城市化进程,导致生存环境恶化;

▲图 2-5 作者参加国际培训时与来自全球各地的小组成员合影

▼图 2-6 在遗产工作中的国际交流合作

聚集的人口，给疾病传播提供了天然的土壤。虽然人类的科技水平和医疗能力不断攀升，近 20 年大规模传染病的发病频率却有不断加快的趋势，2003 年开始非典（SARS）、MERS、埃博拉、H1N1、新型冠状病毒一波又一波侵袭人类。达摩克里斯之剑，永远高悬在人类的头顶。

前途是光明的，道路是曲折的。人类已经能够摆脱地球引力的控制翱翔蓝天，并开始探索外太空寻找地球的备份家园。在取得了巨大成就的同时，人类融合的过程仍然困难重重，好不容易建立起来的欧盟大家庭，因为英国的公投脱欧而给人以倒退感；科技在进步，人类的地位和信心也在跌落，霍金在《时间简史》中向我们揭示了宇宙的历史，我们发现自己不是宇宙的中心，而只是浩瀚宇宙的尘埃。而且我们拥有了摧毁世界的能力，地球却是我们唯一的家园（在此向偶像级人物埃隆·马斯克致敬，他正在致力于移民火星的宏大计划）。（图 2-7）

我们面临着比以往影响更加广泛的危机。在石器时代，人类犯个错误，不会对人类整体构成太大的威胁，容错率[①]相当高；如今这种情况变得危机四伏，人类承担不起错误，从我们对核武器、人工智能的担忧就可以感受到。概括来说，我们面临的主要危机包括：科技的发展带来人类信心和地位的跌落、全球化给文化多样性带来的冲击、人工智能给人类

[①] 百度百科定义其为在某个体系中能减小一些因素或选择对某个系统产生不稳定的**概率**。容错率越高，对效果的影响越小；容错率越低，对效果的影响越大。通俗来说，容错率就是指允许错误出现的范围和概率。

自身传承带来的挑战、人类社会可持续健康发展方面的压力、国家和地区之间信仰的裂隙、意识形态的纷争、贸易战甚至局部战争等。

为什么需要遗产

▲ 图 2-7 美国航空航天博物馆内展出的航天飞机

简而言之，因为遗产对人类有价值、有意义。在如此快速变革的社会中，单纯依靠历史经验的总结已经很难预测未来，我们需要重新思考人类的命运和未来。人类学家利用基因证据告诉我们当前全球虽然有超过 70 亿人口之多，其祖先均可以追寻到距今 7 万年非洲的大陆上 1000 多人。1000 多人，多么可怜的数字，几乎是面临灭绝的境地，然而奇迹就是这样发生了。文化遗产的使命之一就是关注人类的命运共同体，这也是中国在国际外交舞台上所提倡的全球化治理理念。2015 年 9 月 25 日，联合国可持续发展峰会在纽约总部召开，联合国 193 个成员国在峰会上正式通过 17 个可持续发展目标。可持续发展目标旨在让人类更加团结，从 2015 年到 2030 年间以综合方式彻底解决社会、经济和环境三个维度的发展问题，转向可持续发展道路。而文化遗产，将担当重要的角色。文化遗产保护正在努力地去应对危机、推动可持续发展，这是文化遗产的重要价值和意义所在。联合国教科文组织是这一目标的有力推动者，创立初衷就是建立"人类智力上和道义上的团结"。

1. 人类社会前进的大数据

文化遗产通过历史信息的阐发和人类集体记忆传承让我们积累智慧、重拾信心，毕竟遗产为我们曾经的辉煌留下了足够的印记，保存了那些伟大的创造，通过过去的知识和经验激励人类协作一致、继续前行。经验主义对此有深刻的思考，无论是唯物主义经验论还是唯心主义经验论，都不否认人类积累知识和经验的巨大作用。英国哲学家、教育家洛克，他否定天赋观念说，认为"我们的一切知识都是建立在经验之上的，而且归根结底是来源于经验"。

文化遗产之中，蕴含了人类的宝贵经验，使得后人得以在前人知识的基础上，继续添砖加瓦，构建越来越宏伟的人类知识大厦，推动社会不断前进。没有遗产，人类将会失忆；忘记来路，也会失去前进的基础。（图 2-8 ~ 图 2-10）

2. 促进社会协作的黏合剂

通过文化多样性求同存异、弥合社会的分歧，最大限度化解危机。即便是在战争等极端的情况下，人类仍然试图去保护共同的宝贵遗产。第二次世界大战末期，依然处于战时，梁思成先生以极为宽广的胸怀向美国军方建议不要轰炸日本京都和奈良，因为这两座文化古城有大量国宝级古建筑，梁思成先生认为这些古建筑不仅是日本人民的,也是世界人民的。最终,美国军方没有轰炸这两处古城。2009年,为了纪念梁思成先生的卓越贡献,奈良市树立了一尊梁思成铜像,这得到了中日两国人民的共同支持,成为一段佳话。

未来,文化遗产在弥合人类分歧方面还会发挥更大的作用。文化认同可以超越民族、超越国界,将会进一步促进人类协作体系的完善,而协作体系的完善终将推动人类社会的革命性进步,历史上那些载入史册的跨越已证明这一点。欧洲因其文化的高度统一性,建立了欧洲共同体(欧盟),而统一欧洲的基

▲图2-8　随着城市化进程逐渐衰败的乡村

▲图2-9　守在长城关城脚下的老人

▼图2-10　通过遗产回望历史

础，正是文化遗产。① 尽管发生了英国脱欧这样的波折，但国家之间的融合仍是趋势。考古学家、人类学家的研究成果已经表明全球 70 亿人口的共同祖先来自东非大裂谷，也就是说各大洲、各个国家，无论肤色还是语言，都拥有共同的祖先，这是构建命运共同体的文化认同基础。（图 2-11~图 2-13）

3. 促进可持续发展的驱动力

文化遗产试图去预测和影响人类未来的命运、促进可持续发展，就像考古学家罗伯特·L.凯利教授所指出的，不仅仅是关注过去、回眸我们的来路，更是关注我们的未来、前瞻我们的去路。目前针对文化遗产的社会价值、功能价值、文旅价值乃至经济价值等研究越来越多。例如，文化遗产经济学指出文化遗产的稀缺性、公共产品性、外部性、成本性、自然垄断性的性质，同时还以公共产品理论、委托代理理论、福利经济学定理等各种经济学理论为分析工具，深入探讨文化遗产的经济学特征。② 文

▲图 2-11　梁思成、林徽因合影

---

① 李军. 什么是文化遗产——对一个当代观念的知识考古 [J]. 文艺研究，2005（4）.
② 顾江. 文化遗产经济学 [M]. 南京：南京大学出版社，2009.

▲图 2-12 日本京都二条城

▼图 2-13 日本京都金阁寺

物古迹、工业遗产、乡村遗产在这方面首先进行了诸多尝试，通过参与文化产业对经济社会的贡献度越来越高。比起传统的第一产业、第二产业，文化产业更加绿色，对环境友好，是经济社会和谐发展的持久驱动力。当然，这种驱动力不仅仅是经济价值的硬实力，文化遗产也是文化软实力非常重要的组成部分，包括文化、环境、景观、精神、愉悦、凝聚力、创意等多种文化软实力因素。美国著名政治学家、哈佛大学教授约瑟夫·奈认为，文化软实力是指一个国家维护和实现国家利益的决策和行动的能力，其力量源泉是基于该国在国际社会的文化认同感而产生的亲和力、影响力和凝聚力。

2018年春，《中国文物报》关于文物是否应该"资产化"的大讨论，也反映了我们对于遗产特别是社会价值、经济价值的激烈争论仍在继续，是守护过去，还是面向未来？值得注意的是，2017年年底国际古迹遗址理事会（ICOMOS）在印度德里召开的大会上形成的《德里宣言》中有很多共识，序言中第一条就是"承认遗产是提升生活质量和社会凝聚力、在快速变化的全球背景下促进经济发展的关键资源"，为我们展开文物"资产"讨论提供了国际同行的共识与见解。（图2-14~图2-17）

遗产基本原则

随着对遗产认识过程的深化，遗产更加关注人类文明和未来命运，这个词语逐渐被扩展到了国家宏观层次，更有了

▲图 2-14　成都明月村"新乡贤"

▲图 2-15　明月村生产、生活、生态三位一体的遗产生活

▼图 2-16　传统民居的改造再活化

▼图 2-17　明月村文旅融合探索

"国家的文化财产"的意思。① 联合国教科文组织（UNESCO）将遗产定义为："遗产是历史给予我们的遗赠，我们今天与之共同生活，并在将来传递给后人。"②

目前，已经有180多个国家和地区加入《世界遗产公约》，反映出国际社会对遗产保护工作的普遍重视。各个国家和地区的文化背景、经济水平、法律体系不尽相同，文化遗产保护的国内和地区性法规、认定标准、定级制度、管理要求等差异很大，从遗产管理实践总体情况看，遵循一定的基本原则。

1. 主客观统一原则

人类有相对统一的国际遗产保护共识，遗产的价值和意义是人类赋予的，与人的精神和意识关联，并不是单纯客观存在；不同国家和地区有不同的社会背景，其认识亦各有不同。因此对于遗产的认识、认定、管理，对于遗产所应发挥什么样的作用，既要尊重国家、社会、特定群体的主观意愿，又需要对应的客观存在作为支撑。这里所说的客观存在未必是物质性的，即使是手工技艺、口头传说等非物质文化遗产，也需要遵从主客观统一原则，这些被保护的文化遗产既需要被认定为对人类有价值，又需要有明确的遗产保护传承内容。这也应是保护文化多样性的重要原则之一。

---

① 王晨，王媛. 文化遗产导论 [M]. 北京：清华大学出版社，2016：3-9.
② [英] 丹尼斯·罗德威尔. 历史城市的保护与可持续性 [M]. 北京：电子工业出版社，2015：7.

2. 公共事务优先原则

在世界遗产保护工作中，缔约国通常是自愿参加和申报的，大部分国家和地区无论是在遗产的认定中，还是保护管理实践中，普遍通过法律体系将遗产的公共原则置于优先地位，带有一定的群体性、公益性。个体利益需要服从集体利益，局部利益需要服从整体利益。产权者、管理者、使用者等直接利益相关的物权所有者不可自行随意认定遗产，需按照一定的法定程序申请认定。当然，政府机构可以接受社会组织、个体依据法律职权主动提出的认定要求。以中国《文物认定管理暂行办法》为例，所有权人或持有人可以申请将自己拥有的建筑物认定为文物，同时其他公民、法人和其他组织也可以申请将该建筑物认定为不可移动文物的，并不侵犯上述建筑物所有者的物权。虽然社区越来越多地参与到遗产管理进程中，文化遗产之于整个社会或族群的群体价值仍然处于优先位置。

3. 限制性管理原则

我们知道，一般情况下物权所有者有自由处置其资产的权利，但在文化遗产管理工作中，一旦将特定建筑物、构筑物、遗址等认定为文化遗产保护对象或列入保护名录，即便是私有产权，物权所有者也需要在特定的行为规则下管理使用遗产，包括不可以擅自拆除或篡改遗产，甚至所有权转让、使用性质变更等都会受到一定的法规限制，强制性、限制性管理是常见的文化遗产管理原则。《中华人民共和国文物保护法》就明确规定国有不可移动文物不得转让、抵押，非国有不可移动文物不得转让、抵押给外国人。

遗产的灯塔

　　文化遗产理念的发展反映了全球文化的交流进程，也一直在努力适应社会发展的需求，近百年来遗产领域部分重要文件的诞生反映了这种变化趋势。这些重要共识文件，也是遗产价值逐步被认识的节点标志。

　　20世纪初期至20世纪中叶，早期文化遗产重要的共识和文件主要诞生在欧洲区域，比如《雅典宪章》《威尼斯宪章》等。自1972年联合国教科文组织保护世界文化和自然遗产公约诞生以来，在全球化的大背景下越来越重视各个国家、各个民族的共同交流与平等对话；即便是在冷战状态下，文化遗产领域的这种对话也未曾隔断。其后一些重要共识性文件的诞生地，从侧面反映了遗产保护对全球文化多样性的尊重，为各个国家平等对话提供了平台，除欧洲地区以外，亚洲、美洲在这些理论探索和实践中也扮演了越来越重要的角色，发展中国家也参与到遗产保护的话语体系中。特别是进入21世纪，亚洲地区以更加积极的姿态参与了这些进程，东亚国家日本、中国在遗产领域的贡献颇多，一直努力创造对话的平台和机遇。（表2-2）

表 2-2　文化遗产领域部分重要文件的诞生情况统计表

年份	文件	主题	诞生地	所属区域
1933	雅典宪章	城市规划	希腊	欧洲
1962	关于保护景观和遗址的风貌与特性的建议	风貌保护	法国	欧洲
1964	威尼斯宪章（国际古迹保护与修复宪章）	古迹保护遗产价值	意大利	欧洲
1969	保护考古遗产的欧洲公约	考古遗产	英国	欧洲
1972	（联合国教科文组织）保护世界文化和自然遗产公约（包括操作指南，其后续不断更新版本）	遗产保护	法国	欧洲
1975	欧洲建筑遗产宪章	建筑遗产完整性保护	荷兰	欧洲
1976	关于历史地区的保护及其当代作用的建议	促进遗产利用	肯尼亚	非洲
1977	马丘比丘宪章（与雅典宪章一脉相承）	历史城市规划	秘鲁	南美洲
1981	国际古迹遗址理事会——国际景观设计师联盟关于历史公园的佛罗伦萨宪章	景观保护	意大利	欧洲
1985	欧洲建筑遗产公约（简称格拉纳达公约）	深化建筑遗产整体性保护	西班牙	欧洲
1987	关于历史城镇和城区保护的华盛顿宪章	历史城镇和城区	美国	北美洲
1979	巴拉宪章（第一版，一直更新，最新一版为 2013 年版）	遗产的文化价值	澳大利亚	大洋洲
1990	考古遗产保护与管理宪章	考古遗产	瑞士	欧洲
1994	奈良真实性文件	遗产真实性问题	日本	亚洲
1999	关于乡土建筑遗产的宪章	乡土建筑	墨西哥	中美洲

续表

年份	文件	主题	诞生地	所属区域
1999	历史木构建筑保护准则（2017年修订为木质建成遗产保护准则）	木构建筑	墨西哥	中美洲
2000	欧洲景观公约（或译为欧洲风景公约）	文化景观	法国	欧洲
2005	关于保护文物建筑、遗址和遗产区域的背景环境的西安宣言（西安宣言）	遗产背景环境	中国	亚洲
2005	欧洲委员会关于文化遗产的社会价值的框架公约（法罗公约）	遗产社会价值	葡萄牙	欧洲
2005	会安草案——亚洲最佳保护范例	亚洲背景下的遗产真实性	越南	亚洲
2007	北京文件——关于东亚地区文物建筑保护与修复	木构建筑彩画保护	中国	亚洲
2008	文化遗产展示与阐释宪章	遗产阐释	加拿大	北美洲
2011	巴黎宣言——作为发展动力的遗产	遗产与可持续发展	法国	欧洲
2011	联合国教科文组织关于历史性城市景观的建议书	历史城市景观	法国	欧洲
2013	杭州宣言——将文化置于可持续发展的核心地位	遗产与可持续发展	中国	亚洲
2014	佛罗伦萨宣言——作为人类价值的遗产和景观	遗产和景观	意大利	欧洲
2014	奈良真实性文件新20条：关于遗产实践、文化价值和真实性概念的回顾性文件	价值真实性	日本	亚洲
2017	德里宣言	遗产与民主	印度	亚洲

每一次重要文件和国际共识的形成，都是在当时的实践条件下进行的深刻理论总结和前瞻性思考。每一次达成的共

识都为文化遗产保护与发展树立了一座理论灯塔,明确了文化遗产保护的目标、使命、原则、方向,在全球合作的背景下指引我们前行的方向,共同推动人类社会可持续发展。(图2-18)

发展至今,文化遗产的使命与目标越来越宏大,与人类社会发展脉搏的契合越来越紧密。其正在通过物质文化遗产、非物质文化遗产、文化空间、自然遗产之间的融合保护,努力践行造福人类社会的几项基本使命:

第一,重拾人类信心与构建团结。

第二,促进社会的可持续、健康发展。

第三,保护全球自然文化多样性。

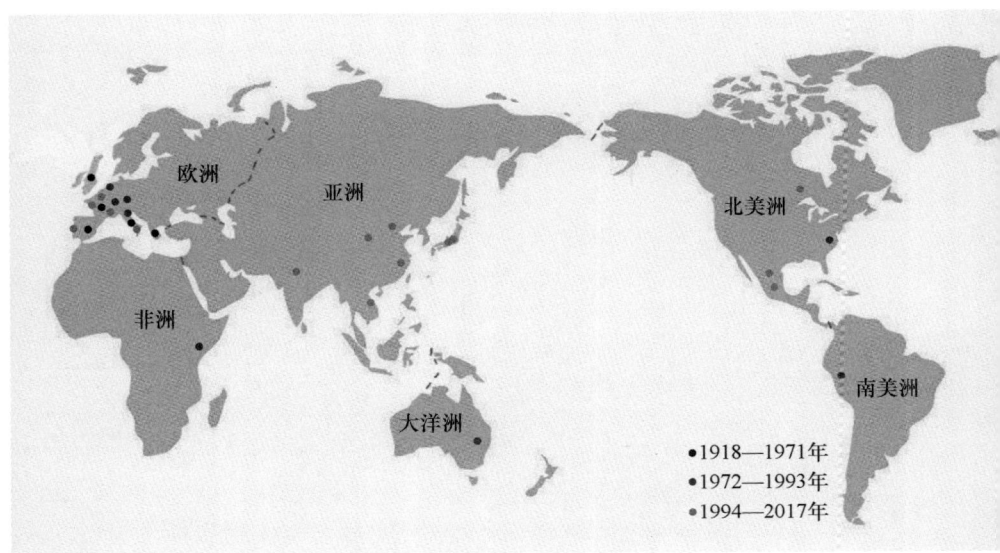

▲图2-18 重要文化遗产共识文件诞生地

第四,保存人类记忆予以传承。

这些闪耀着光芒的使命,不应该仅仅停留在国际共识和全球合作框架之中,更应该成为全体文化遗产从业人员乃至全社会的共识,方能使命必达。

第三章

遗产价值：善变的幽灵

> 道可道，非常道。名可名，非常名。
>
> ——老子

价与值

价值，《现代汉语词典》的解释是：①体现在商品里的社会必要劳动。价值量的大小取决于生产这一商品所需的社会必要劳动时间的多少。不经过人类劳动加工的东西，如空气，即使对人们有使用价值，也不具有价值。②积极作用。百度百科所收录的国语词典解释是：①泛称物品的价格。②以各种等值标准或交换标准所表示的价值。③凡有助于促进道德上的善，便是价值。④正面作用。

从这些定义可以看到，谈到价值的时候，至少有这样两种理解在其中：具有价格的经济意义，具有善良、正面、积极作用的社会意义。也就是说，价值＝价格＋值得。关于价值理论的研究越来越多，其已经成为经济、社会研究的一门基础科学，用以研究客观世界各种事物对于人类生存与发展的意义（价值）。由于社会事物之间的相互作用在本质上就是价值作用，任何社会事物的运动与变化都以一定的利益追求或价值追求为基本驱动力，几乎所有社会科学都或多或少地与价值理论存在某种联系，都自觉不自觉地以某种价值理论为假设前提。即便是情感，也是人脑对于事物价值特征的主观反映。由此可见，价值理论是整个社会科学的基础理论之一。

文化遗产的保护管理是需要消耗社会的人力、物力、财力的，这件事情必须有意义或者值得去做，核心的判断标准也是价值。对价值的重视上，世界遗产具有旗舰的地位和作用，在倡导和认证全球性突出普遍价值（OUV）的过程中，实际上在追求和建立人类共同尊重和赞赏的创造力、坚韧精神，和不同文明之间的和平交融、相互促进与共同繁荣，维护共通的审美与善良，追寻着天下大同的方向和途径。[①]

对文化遗产价值的理解一直在发展演变，即便是在欧美地区进行了多年理论探索的情况下，要给文化遗产价值下一个准确定义依然非常困难。广义上讲，文化包含了人类劳动的一切产物，是人类社会劳动所创造的物质财富和精神财富

---

① 郭旃．世界遗产与中国文物事业的相互交融与促进[J]．中国文物科学研究，2016（3）：8-9．

的总和。那么，任何人类创造的物质财富和精神财富都是有价值的。既然一切皆有价值，这就难了，如何界定文化遗产呢？因此，需要价值筛选认定，价值是遗产之所以被保护传承的理由与意义。文化遗产的认定保存如同人的记忆一样，是有个筛选过程的。我们知道，大脑的容量有限，存储能力是有限的，无法记忆一切发生的和感知到的事物，大脑会进行筛选，否则大脑会崩溃的。筛选的标准，就是有价值。

文化遗产也一样，这个地球的承载力是有限的，不可能人类踏足过的每一栋房子、每一个山头、每一片河湖都被确定为遗产。尽管计算机和大数据技术的快速发展为我们提供了记录遗产的更多能力和手段，但我们仍需要筛选哪些数据是需要保存的，无论你使用多么强大的服务器来辅助，容量总是有极限的。这就意味着，文化遗产的认定、保护也需要平衡社会成本与社会效益，有三个基本要素需要考虑：

第一，什么样的遗产值得保存。

第二，能够保存多少遗产。

第三，能够承担的成本和代价是多少。

就像考古学家在纷繁复杂的出土文物中按照类型学要求挑选标本那样，文化遗产也是通过一定的价值标准来筛选标本的，那些具有稀缺性、代表性的遗产被筛选出来，传承下去。中国的遗产保护实践从一开始就很重视价值的保护，主要关注历史、科学、艺术价值方面。2000年以后，中国的文化遗产保护也进入以价值评估为基础的时期，在这样的保护逻辑中，价值评估是决定保护什么、怎么保护的基本方法，价值认识是整个遗产认定和保护工作的基础。[①] 可以称之为基于价值的保护方法（Value-Based Approach[②]）。

真假梁林故居

为了更好地理解基于价值的保护方法，我们共同回顾一个数年前发生的知名案例——北京梁思成、林徽因故居（简称梁林故居）的案例。

梁林故居位于北京市东城区北总布胡同 24 号院。北总布胡同 12、24、26 号院（老门牌为北总布 3 号），是一个两进的传统民居，坐北朝南，中华人民共和国成立后多次添建、改建。1930 年至 1937 年，梁思成、林徽因夫妇曾租借该院几间房屋居住。20 世纪 80 年代在拆除旧居两院主体建筑的基础上，盖起一座三层小楼（其周边已形成楼房小区），此院落只保存了沿街及前后各一排原建筑，院内大部分房屋进行了翻建，并添建了许多新建筑和临时建筑。（图 3-1、图 3-2）

2009 年，当时已是破败大杂院的梁林故居位于某开发建设项目的拆迁用地范围内，拟实施拆除，被媒体报道后一片哗然，引起了社会广泛关注；2009 年 7 月起，《光明日报》《北京日报》等多家主流新闻媒体分为两派，掀起了关于是否应

[①] 吕舟.《中国文物古迹保护准则》的修订与中国文化遗产保护的发展 [J]. 中国文化遗产，2015（2）：12.

[②] Value-Based Approach 为引入概念，原为经济学词汇。

认定梁林故居为不可移动文物的大论战，争论的焦点就是该组院落是否需要保护。

▲ 图 3-1 现场调查照片（征地拆迁过程中）

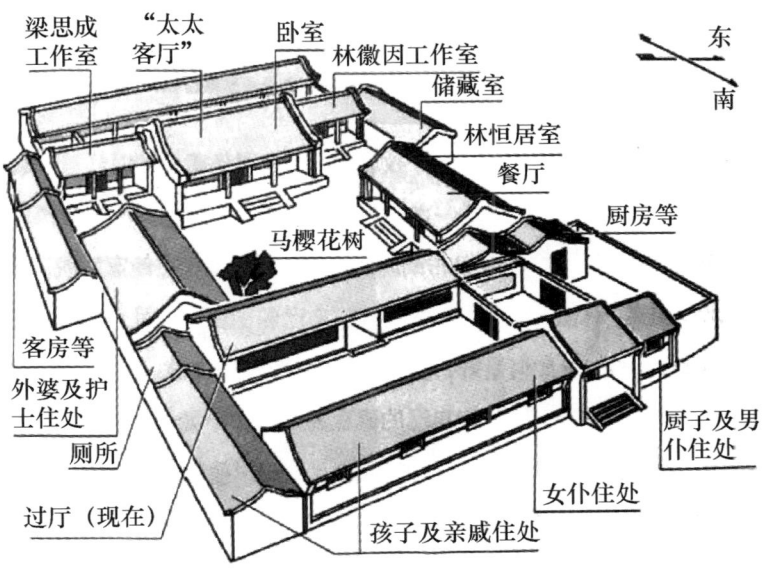

▲ 图 3-2 院落历史格局复原图

一种观点认为，梁林故居内部已经被翻建为楼房，仅保留了少量的平房建筑，现存房屋已不是当年梁思成、林徽因租住期间的房屋，且院落损毁严重，面貌全非，因此从建筑物真实性、完整性状况的角度看已经不具备保护价值，这里不是真正意义的"故居"；要保护，也应该保护梁思成先生在清华大学内保存完整的故居，梁思成先生在清华大学的故居内设计了国徽，那个才是真正应该保护的梁思成故居。《光明日报》还曾经闹了个乌龙事件，报道文字中阐述的北总布胡同24号院事件，配图却采用的是清华大学校内的梁思成故居。

另一种观点则认为，虽然北总布胡同24号院是梁思成、林徽因租住的，虽然其院落破败严重，但其文化意义重大，在这处院落租住期间，是二人对中国建筑史及文物保护做出重要贡献的时期，林徽因曾在这里创办了著名的"太太的客厅"[①]，因此有必要认定为文物予以原址保护。（图3-3～图3-5）

最终，经过持续两年多的"不值得保护"与"值得保护"的拉锯战，各方达成了一定程度的共识，梁林故居被东城区文物行政部门认定为普查登记文物，由建设单位对原有规划建设方案进行调整，采用原址维修、保护梁林故居的方案。2012年，事件再次出现了波折，开发建设单位拆解了梁林故

---

① 诸多学者认为，冰心在小说《我们太太的客厅》中描述的就是林徽因的客厅。《我们太太的客厅》最初发表于天津《大公报·文艺副刊》1933年9月27日第2期至第10期，后收入小说集《冬儿姑娘》（北新书局1935年5月初版）。冰心的这篇小说发表后，引起平津乃至全国文化界的高度关注。"太太的客厅"是20世纪30年代北平文化界人士重要聚会场所，哲学家金岳霖、作家沈从文和萧乾等都是这里的常客。

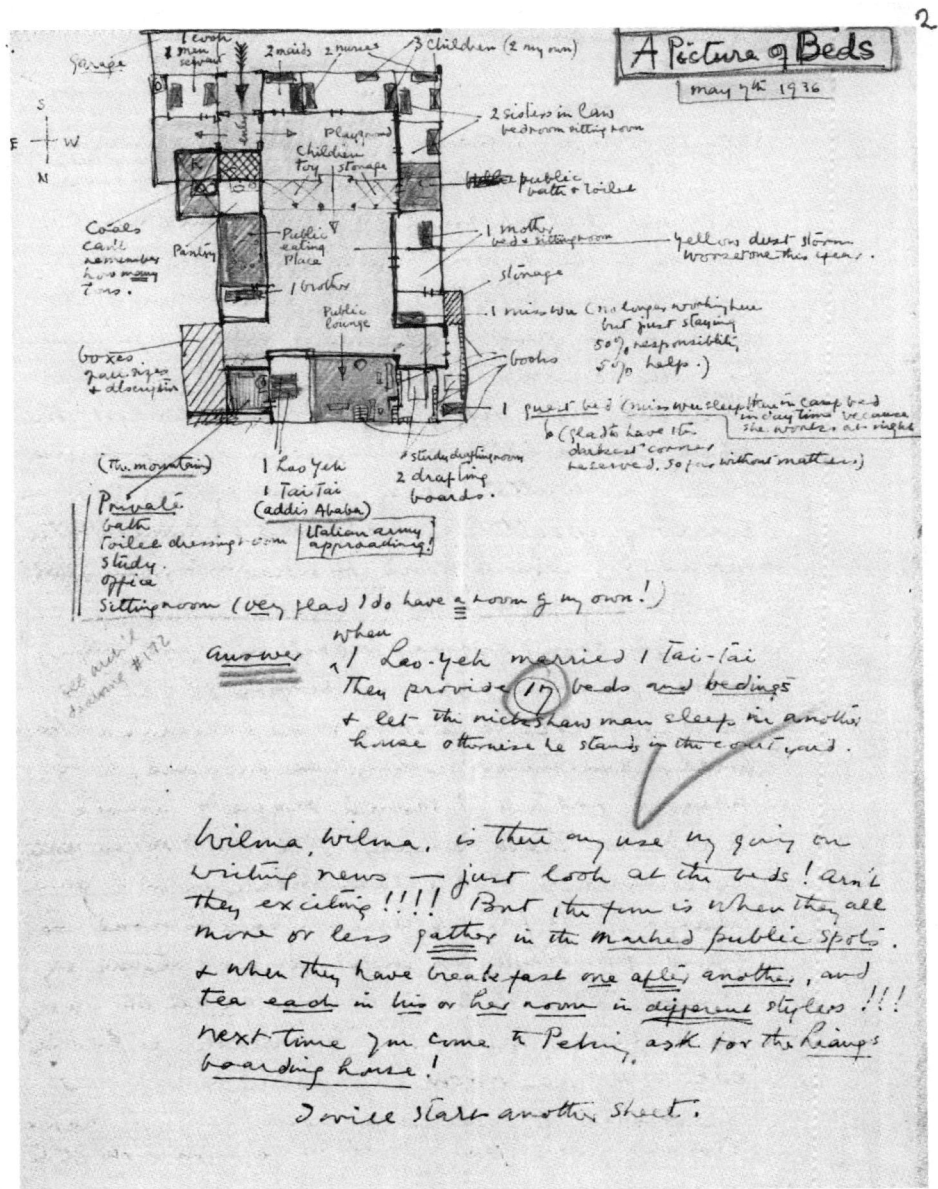

▲ 图 3-3　林徽因手绘院落平面图（记者王军提供）

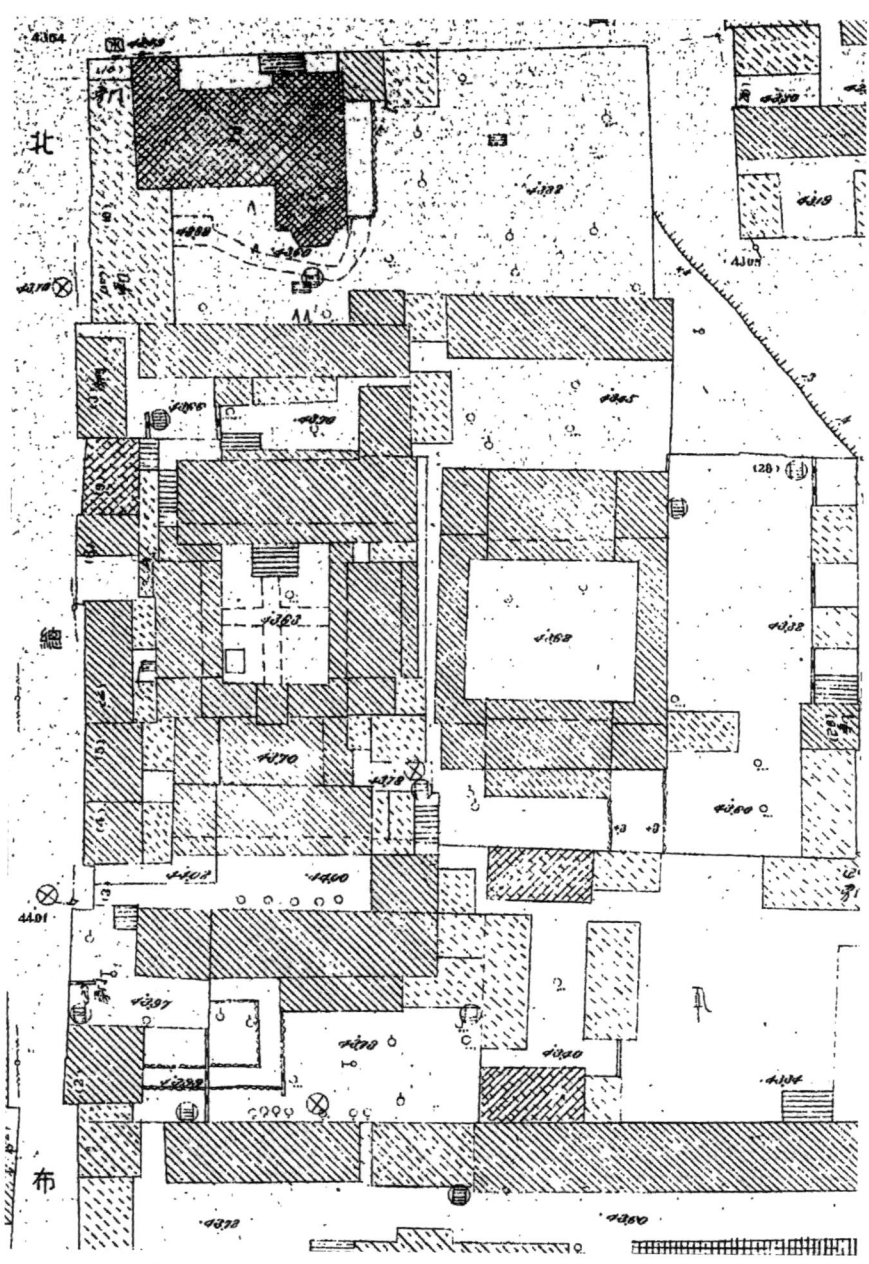

▲ 图 3-4 院落平面图（1957 年）

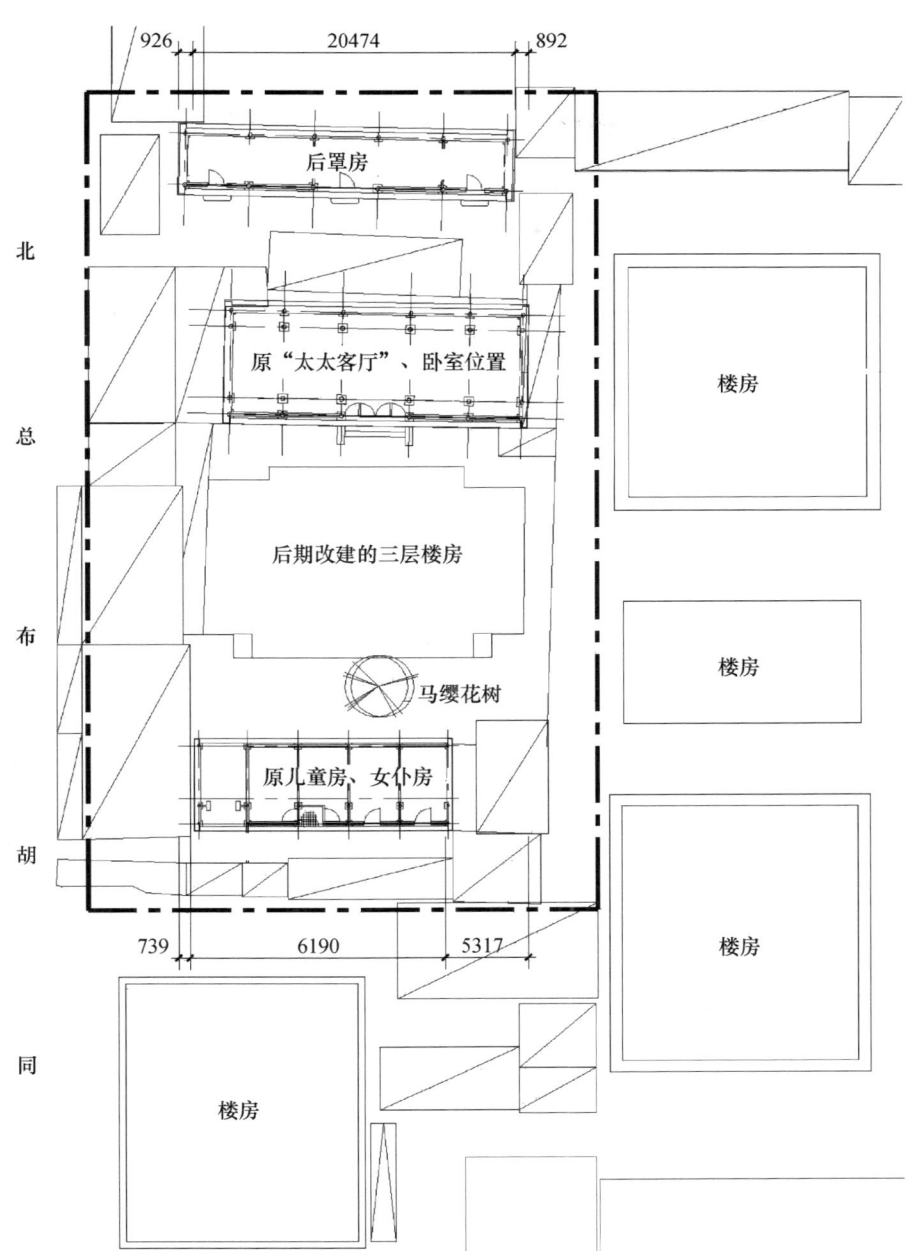

▲ 图 3-5 拆迁前院落平面图（根据文物普查资料改绘）

居，再次引发了舆论关注。后经过政府部门介入，原址予以修复，保住了梁林故居。

在这个典型案例中，各方讨论的焦点是价值的研判，分析得都有道理，前者更多的是从历史、科学、艺术价值及其真实性的角度进行分析，后者主要是从该组院落的文化价值和社会价值角度进行分析。类似的案例还有很多，尤其是近年来城市扩张和新农村建设、城镇化给历史文化名城、历史街区、传统古镇、传统村落、乡土建筑、工业遗产保护等带来了巨大挑战，这种开发与保护的矛盾时有发生。极个别列入文物保护单位名单或文物普查登记名单的遗产，在开发建设中逐渐被损毁、消失，这是违法行为，自当依法处理，不再多论。

需要冷静思考的是，那些未能及时列入保护名单的遗产，就像梁林故居这样的案例，开发建设单位征占拆除尚未列入保护名录的"民房"，在当时的时间点是否违规，这个过程中是否存在值得反思的管理机制漏洞？这类案例涉及系统的法规体系、普查程序、利益协调、价值认定等，特别是价值认定，是政府认为的价值，还是公众认为的价值？遗产认定是否需要投票，谁说了算？为什么直到拆迁实施过程中才开始讨论其文物认定问题？

这就要回到中国的文物认定制度上来。每隔10年至20年定期开展的全国性文物普查，主要是依据历史、科学、艺术价值实施普查并认定、公布文物，但不可能一次性完成所有文物的认定，而且普查工作主要由县级文物行政部门组织实施，普查队员大多属于基层文物工作者，依据历史、科学、艺术价值实施普查并认定文物的标准比较容易掌握。但要求普查队员在当前的条件和知识体系下，从文化价值、社会价值角度去普查、认定文物是比较困难的，所以定期普查无法解决所有的文物保护对象登录认定问题。那么，梁林故居这样的矛盾或者说一事一议的争论还会持续出现，屡屡见诸报端。

中国在这方面已进行了一些有益的探索，在定期普查登录的通道之外，另外开设了一条登录认定通道，颁布了《文物认定管理暂行办法》[①]，以便回应公众的声音。任何单位和个人可以主动向文物行政部门提出文物认定申请。新的文物认定管理办法，在中国实践中初步建立了公众为申报主体的文物认定方法，弥补了文化价值、社会价值认定不足的问题，近几年一批名人故居、历史建筑、铁路遗产等通过这种新方式补充列入文物名单。

这样，就形成了"定期普查为主、临时受理为辅"的两种文物认定方式并轨制度。

可能也有人会问，为什么不在所有建设项目拆迁之前进行一次文物调查认定工作？要知道，文物价值评估和认定也需要兼顾可操作性，政府管理和法规制度的执行是需要社会成本的，制度体系需要尽量追求最低的社会成本和最高的社会效益。城镇化快速发展时期，要实现所有建设项目事先开

[①] 文化部令第 46 号。实际工作中通过这种方式认定的文物数量较少，主要还是通过定期的大范围文物普查登记工作。

展文物调查认定工作还比较困难，相信今后会逐渐完善形成这种制度，在土地一级开发或国有化过程中完成地块内文物核查认定工作，避免入市交易后再发现需要保护的古迹。未来，开发建设之前用地范围遗产保护认定工作至少会包含五个方面：

第一，是否有可能的地下文物埋藏。

第二，若发现地下文物，是否具有原址保护价值。

第三，现存建筑遗存是否具有保护价值。

第四，开发建设行为是否对现存遗产或文物构成影响（比如涉及保护范围、建设控制地带）。

第五，开发建设行为是否对历史名城、历史街区、传统村镇等整体环境构成影响。

价值也分三六九等

中华人民共和国成立之后，中国的相关文物保护法律法规对价值通常的分类和界定是历史价值、科学价值、艺术价值，多年来不可移动文物的评估、登录也是主要依据这三条价值进行认定的。1972年《世界遗产公约》对价值的判定也有类似的价值认识，但近年来更加强调平衡性和可信度，在考虑更新《世界遗产名录》中更加兼顾文化价值、景观价值和社会价值。杭州西湖、五台山、天地之中、哈尼梯田、鼓浪屿等都是因具有明显的文化景观价值而被列入《世界遗产名录》

的。2015 年新修订的《中国准则》已增加了文化价值和社会价值，将三大价值扩充为五大价值。① 即便是那些没有体现伟大、年代并不久远的遗产类型，如果在反映区域性文化或跨文化交流，或反映文化与自然景观有机结合等方面有典型的意义，依然可以被列入文物古迹或者说遗产保护的范畴。如果长城重新开展遗产申报工作，应该会被列入文化景观类型，比作为古建筑、古遗址类型更适合其突出普遍价值的保护管理工作。（图 3-6、图 3-7）

▲ 图 3-6　北京市怀柔区黄花城水长城

---

① 若是能及时加入景观价值，更有利于遗产的价值认定和整体保护，符合自然与文化遗产链接的要求。

▲ 图 3-7　北京市延庆区下阪泉楼

　　这种保护视角的转变，同样适合国内外现存的其他众多文物古迹、工业遗产、乡土建筑文化遗产。及时增加文化、社会、景观等新的价值认定维度，更有利于整体保护其遗产构成和景观环境，促进遗产与周边自然环境、社会环境的融合发展、可持续发展。随着理论研究和实践探讨的推动，今后也许还会有新的细分价值判断类型被纳入，例如经济价值、精神价值等。

　　当然，这种价值类型的改变需要谨慎对待，需要全社会尤其是专业领域形成基本共识，防范被误导、被利用的风险。原有的历史、科学、艺术等内在基本价值的评价相对要客观一些，而文化、社会、精神等外在价值的评价相对主观，容易产生歧义。将社会价值与相对客观的基本价值都同等摆上道德高地，可能被极端势力利用。更现实的是，权力、势力和资本左右社会价值观的现象普遍存在。其中不当的利益诉求和行为，如破坏环境、生态和文化的开发，有了社会价值理论的支撑，必然给保护带来更大的压力和冲击。[1]（图 3-8、图 3-9）

---

[1] 郭旃. 当前我国文化遗产工作中的若干问题 [J]. 中国科学院院刊，2017，32（7）：723.

▲图 3-8　北京市延庆区古崖居

▼图 3-9　法国南部典型的古村镇与自然景观融为一体

除了这些类型差别，价值也是分级别的。如果具备了突出普遍价值（OUV），符合了世界遗产的遴选标准，可以申请被联合国教科文组织列入世界遗产名录。突出普遍价值必须有两个特性：

一个是具有普遍意义，可以超过国家和地区的界限，对全球都具有普遍价值。2017年，鼓浪屿申遗成功，其对于全球的普遍意义就是其明显的优势。世界遗产委员会的主要考量是：鼓浪屿是中国在全球化发展的早期阶段实现现代化的一个见证，具有显著的文化多样性特征和19世纪中叶至20世纪中叶的现代生活品质。鼓浪屿突出地反映了多元文化在各个方面的广泛交流，保存完好的历史遗迹真实且完整地记录了其曲折的发展进程和生动的风格变化，真切地反映了激烈变革时代的历史。鼓浪屿的发展，清楚地记录了不同国家的文化在鼓浪屿的交会和传播，记录了中国早期近代建筑吸收南洋、西洋风格的基本特点。鼓浪屿同样见证了世界不同文化和价值追求之间的相互了解和共同发展的历史，为中国和其他地区不同文化的融合发展提供了参考。

另一个是具有突出意义，需要是杰出的范例、代表性范例。具体的研究方法是比较分析，同一个类型的遗产，越是后来申报者越是难度大，需要从地域框架和主题框架等不同的角度进行比较分析。比如2012—2013年中国实施的大运河申遗工作，需要与此前已经列入世界遗产名录的运河进行比较研究（如法国的米迪运河、加拿大的里多运河），阐明不同于其他运河遗产的特殊性、代表性价值。2017年申报成功的鼓浪屿，在其申报文本中选取了东亚、南亚、东南亚区域已列入世界遗产名录和预备名录中，与鼓浪屿一样反映跨区域文化交流的历史城镇和其他类型文化遗产进行比较，如菲律宾的维甘历史城镇、越南的会安古城等，从发展阶段、城镇功能、文化特征、城市规划或建筑特征、遗产价值等方面进行比较。还对亚洲地区与美洲地区反映跨文化交流的遗产数量和平衡性进行了大范围的比较研究，以凸显鼓浪屿列入世界遗产名录的价值和意义。申报团队这些专业的、大范围的比较研究，是凸显价值和申报成功的关键因素之一。

各个国家还可以根据自己的法律法规，确定本国的遗产保护方式和级别。以中国为例，除世界遗产名录外，根据《中华人民共和国文物保护法》的规定，在不可移动文物方面可以分为四个等级，即"古文化遗址、古墓葬、古建筑、石窟寺、石刻、壁画、近代现代重要史迹和代表性建筑等不可移动文物，根据它们的历史、艺术、科学价值，可以分别确定为全国重点文物保护单位，省级文物保护单位，市、县级文物保护单位"，最后一个级别是普查登记在册文物（尚未列为文物保护单位的不可移动文物）。加上世界文化遗产，一共五级。①

当然，这种基于价值给遗产或者文物做出的分级，不是固定不变的，随着研究的深入、时代的变化、价值判断标准

---

① 文物序列的五个级别包括世界文化遗产、全国重点文物保护单位，省级文物保护单位，市、县级文物保护单位，普查登记在册文物。其中，世界文化遗产并不是法定的级别，它们绝大部分的法定级别是文物法所规定的全国重点文物保护单位，但对于世界文化遗产也出台了一些"特殊对待"的法规，如《世界文化遗产保护管理办法》《中国世界文化遗产监测巡视管理办法》等。

的变化和研究的不断深入,一直在变,低级别可以升级为高的级别。原则上是逐级升级,但也有个别情况是连升三级的。比如房山区十字寺遗址,是目前中国发现的唯一比较完整的景教寺院遗址,2006年由原来的普查登记在册文物直接被"提拔"公布为全国重点文物保护单位,价值突增,平步青云。

低级别不意味着低价值,时代背景、社会认知、研究进展都会对价值的评判产生影响。(图3-10)

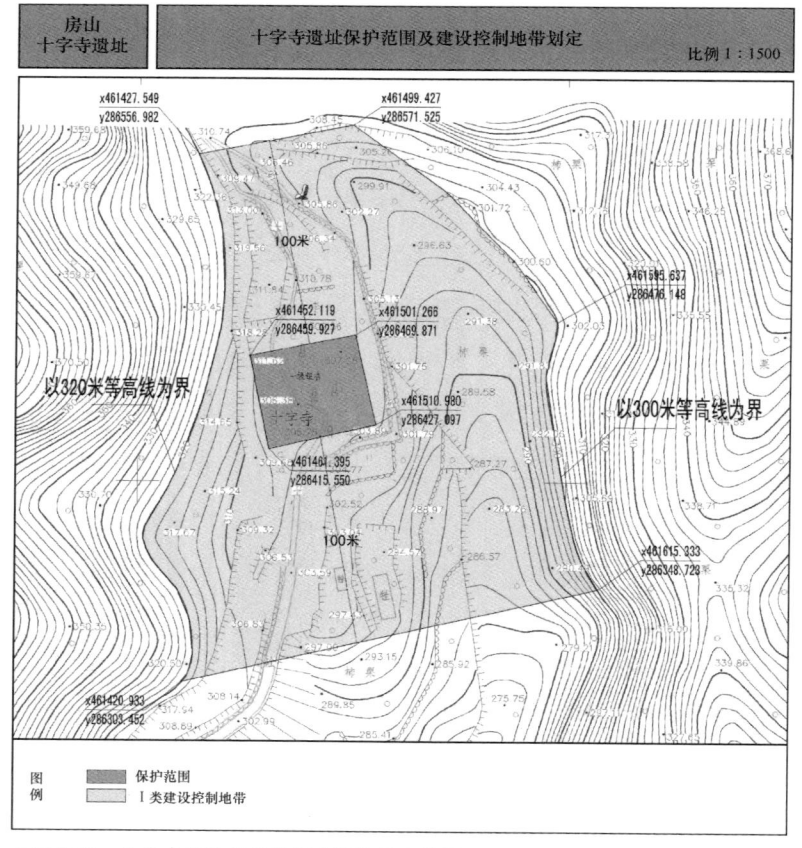

▲图 3-10 十字寺遗址保护范围建设控制地带图

三头六臂的价值

价值是相对的。针对不同地域、不同层级的需求和不同利益相关者或者人群,事物呈现出不同的价值。因此,遗产价值评估确定有如下三个特点需要加以注意。

1. 遗产价值的特点之一

价值不是孤立的,而是与具有真实性、完整性的遗产构成属性关联的,是与保护、规划、管理条件相关联的。以世界遗产为例,遗产的突出普遍价值存在三大支柱,分别是:遗产价值至少符合一条或者多条世界遗产评价标准;遗产的构成属性和要素符合真实性和完整性的要求;遗产保护管理体系和条件能够对遗产价值予以保护和可持续传承。要确保遗产价值存在的这三大支柱缺一不可,必须同时存在,否则遗产价值如同空中楼阁,将无从确立和得以可持续地保护、传承、利用。[1] 若是单纯谈价值,没有列出相应的载体和真实的构成要素,不仅失去了证据,在后续的保护管理中也失去了对象。(图3-11)

2. 遗产价值的特点之二

价值是相对的,不是绝对的。一方面,价值的相对性表现在针对不同的人群和利益群体表现是不同的。例如同样是

---

[1] 刘保山. 世界文化遗产视角下的"三个文化带"意义、价值界定及其管理工作的思考[J]. 北京文博文丛,2017(2):16-20.

长城遗产，对于游客身份来说是观赏价值、景观价值、文化体验价值等，而对于周边居民来说更多的是开放和游客增多带来的收入增加、生活改善等价值。另一方面，价值的相对性表现在不同地域的价值不同，注意区分价值的不同地域层级；对于遗产的突出普遍价值，需要着眼于全球价值和人类社会的集体记忆和价值，而对于具体的国家、城市、乡镇乃至周边社区来说，其价值则会包含其他区域性的、个体性的价值。你认为的价值，不一定是我认同的价值。

还是以长城为例，对于世界遗产的突出普遍价值（OUV）而言，它是人工建筑融入景观的完美范例，在两千多年中服务于单一的战略用途及其体现的军事战略思想，表明了不同国家、民族之间防御技术的持续发展和对政治背景变化的适

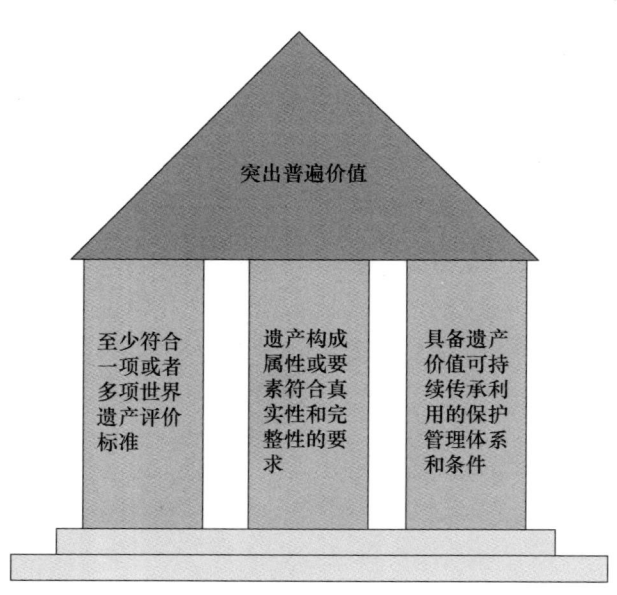

▲ 图 3-11 突出普遍价值的三大支柱

应性。而对于中国而言，长城还被赋予了中华民族象征的特殊意义和文化内涵。对于城市和乡镇、社区来说，往往更加关注长城的经济效益、社会效益等。相信经常去爬野长城的驴友们对这一点最有体会，长城脚下有不少自发服务的"农家乐"或者小餐馆。我曾经在箭扣长城脚下的小村庄一户人家住过，其墙上挂满了全球各地来这里攀登长城的摄影作品，主人非常自豪，并且乐于从中获得生计。有些开放的景区外围，也共生了大量的商业和民宿。就在慕田峪长城、水关长城等正式开放景区的隔壁小村庄内，近些年陆陆续续建设了商业街或民宿村，村民们期望以此增加自己的收入。这是他们心目中长城的价值。（图3-12、图3-13）

▼ 图 3-12 慕田峪长城脚下的商业街

3. 遗产价值的特点之三

价值是动态的。随着时间的变化，社会条件的改变，人们思想观念、生活水平、文化水平等的发展变化，价值也将发生变化。例如京张铁路、首钢、"798"、北京焦化厂等工业遗产，在几十年前，当时的社会不会认为其具有文物属性或者遗产价值，而随着经济社会的发展和工业改革的持续推进，这些曾经对经济、社会做出过巨大贡献的工厂陆续停产、转型，从而成为公众心中特殊的文化遗产。中国科协创新战略研究院和中国城市规划学会在广泛调研、遴选的基础上，于2018年、2019年已先后公布"中国工业遗产保护名录"200项，其中部分工业遗产已经列入了不可移动文物名录。截至2019年年底，中国文物学会、中国建筑学会已联合发布"中国20世纪建筑遗产项目"四个批次396项；住房城乡建设部等部门联合发布了五个批次共6819个"中国传统村落名录"；农业农村部已发布五个批次共118个"中国重要农业文化遗产名单"①。越来越多的新型遗产进入保护视野。

即便是同一处遗产，不同的时代对其价值和构成要素的思

▲图3-13 慕田峪长城脚下发展起来的村落民宿

---

① 根据官方网站公开发布的数据汇总后得出。

考也不尽相同。以京张铁路遗产为例感受一下这种变化。它是于 1905 年由中国工程师詹天佑主持建造的百年老铁路，1909 年正式通车。这是中国自主修建的第一条铁路，也是中国在近代化过程中自强不息、奋发图强的重要象征之一。大部分人在课本上读过詹天佑创造性采用"人"字形铁路使火车爬坡越过关沟青龙桥段的故事。京张铁路 1909 年建成时始发于今丰台区丰台站，终点为张家口站，后改为西直门站首发。20 世纪 80 年代，文物部门开始意识到京张铁路遗产的重要价值，将詹天佑墓、碑、像公布为北京市级文物保护单位。一开始只是公布了詹天佑墓等少量的文物或者遗迹点，当时还没有意识到近在咫尺的那条百年铁路也是珍贵的遗产。（图 3-14）

▼图 3-14　"人"字形铁路历史照片（应拍摄于 1909 年）

直到 2013 年,京张铁路(南口段至八达岭段)被列入全国重点文物保护单位名单,就是网红铁路——"开往春天的列车"涉及关沟那一段,景观秀美,很多人都会在春暖花开的时候去体验或者拍摄火车通过关沟时的美景。2013 年这次公布工作使得京张铁路遗产的保护工作又向前迈出了一步,铁路线路和沿线部分车站、南口机车库、詹天佑的办公室、工人俱乐部等开始进入保护名单。然而,目前这样的文物公布方式还存在待讨论的问题,反映出价值认定尚未真正达成共识。一个问题是非关沟段的京张铁路怎么办,仅仅选取关沟一段是否能够完整体现京张铁路的价值;另一个值得探讨的问题是铁路遗产是由站房、轨道、桥隧、车库、工厂、旅馆等构成的复杂遗产体系,如果只是认定保护几个站房和厂房,是否能够完整体现京张铁路的价值。

2017 年文物部门委托组织过一次京张铁路遗产的系统调查,调查组从西直门站开始,经清华园站、昌平站、南口站、居庸关站、东园站、青龙桥站、康庄站,一路走一路调研,直到河北省张家口站。经过初步调查,与历史照片和各站标准设计图纸对照后发现,很多站房都或多或少保留了建成初期的历史痕迹,像居庸关站几乎完整保持了其原始状态,而且沿途保留了很多隧道、桥梁、涵洞等相关遗产。这是一段从丰台站至张家口站都值得保留的完整铁路遗产,随着价值的探究和共识的进一步达成,在下一次文物名单公布时也许这些都会进入保护名单。令人遗憾的是,就在书稿撰写过程中,由于新的京张城际铁路建设(高铁),西直门至昌平站部分地段的铁路轨道已经被拆除,课题组调查拍摄的照片在几个月后成了历史照片,部分车站站房、桥梁、隧道等也可能面临被废弃的境遇。[①]

希望关于百年京张铁路遗产的保护共识早日形成。(图 3-15、图 3-16)

标准一直在变

对遗产价值的评价标准一直是在更新变化的,世界遗产亦是如此。自从 1972 年《世界遗产公约》将价值纳入遗产保护体系后,价值的判定标准一直在变,最直接的体现是,列入世界文化遗产的标准一直进行适应性调整。1977 年世界遗产委员会第一次会议通过了第一版的《实施〈保护世界文化和自然遗产公约〉操作指南》,提出了文化遗产列入《世界遗产名录》的六条标准。基于这些标准的遗产价值体系,把文化遗产视为审美对象和历史见证,从保护的角度对历史价值、艺术价值予以关注是它的基本特征。《威尼斯宪章》《佛罗伦萨宪章》和《华盛顿宪章》构成了这种保护的理论基础。(表 3-1)

[①] 北京市昌平区文化和旅游局. 百年京张铁路遗产价值研究与发展策略(昌平段)[M]. 北京:中国建筑工业出版社,2019.

▲图 3-15　南口机车厂之今昔对比

▼图 3-16　青龙桥车站之今昔对比

表 3-1　1977 年版与 2017 年版操作指南关于文化遗产标准的比较简表

标准	1977 年版	2017 年版	变化趋势	注解[①]
Ⅰ	反映独一无二的艺术或审美成就，是人类创造性的杰作	作为人类天才的创造力的杰作	更全面地反映人类的天才创造，不限于艺术或审美，运河等工程也能够反映人类天才的创造力	伟大杰出
Ⅱ	在一段时间或一个文化区域内的建筑、纪念性雕塑、园林景观设计，对相关艺术或人类聚落的可持续发展具有深远的影响	在一段时期内或世界某一文化区域内人类价值观的重要交流，对建筑、技术、古迹艺术、城镇规划或景观设计的发展产生重大影响	更强调跨区域、跨民族之间的交流和相互影响，更加关注那些能够反映人类价值观的遗产	交流影响
Ⅲ	独一无二、极端稀有或伟大的古代遗迹	能为延续至今或业已消逝的文明或文化传统提供独特的或至少是特殊的见证	更加关注那些有关文明或某种传统文化的证据，致力于保护全球文化的多样性	文明见证 文化见证
Ⅳ	作为一种反映一个重要的文化、社会、艺术、科学、技术或工业发展的结构形式的最具特征的实例	一种建筑、建筑或技术整体，或景观的杰出范例，展现人类历史上一个（或几个）重要阶段	更强调建筑群落、建筑与周边景观的融合	建筑景观 历史证据

---

① 此处受郭旃先生的讲座启发，以注解的方式解读每一条世界遗产价值标准的关注点和核心要素。

续表

标准	1977年版	2017年版	变化趋势	注解
V	一种在自然状态中易于损坏,或在不可逆的社会文化或经济变迁的影响下变得脆弱的反映重要的建筑的传统形式、建造方法或人类聚落的特征的实例	传统人类居住地、土地使用或海洋开发的杰出范例,代表一种(或几种)文化或人类与环境的相互作用,特别是当它面临不可逆变化的影响而变得脆弱	更加强调人类对地球资源的顺应、利用与改造,关注脆弱的遗产,更加强调人与自然的和谐与可持续发展	土地利用 天人合一
VI	通过人、事件与具有突出的历史性重要价值的思想、信仰有重要的关联性	与具有突出的普遍意义的事件、活传统、观点、信仰、艺术或文学作品有直接或有形的联系(委员会认为本标准最好与其他标准一起使用)	强调相关联的实物或文化应该能够体现或者辅助体现遗产的突出普遍价值	关联物 关联文化

在世界遗产体系建立之初，人们把关注点放在人类在历史和文明进程中创造出的伟大作品和具有重大历史见证意义的古代遗迹上是十分自然的事情。① 总体来说，那时候对价值的判断标准很重要的一个条件是得足够伟大、杰出，体现人类的艺术创造性、典型建筑物类型和对土地的利用等，像

---

① 吕舟. 基于价值认识的世界遗产事业发展趋势 [N]. 中国文物报，2012-02-10（5）.

罗马斗兽场、埃及金字塔和中国的故宫、长城、周口店遗址等，这与遗产保护理念诞生于西方世界的背景有很大关系，全世界各地也包括中国在内的很多国家诞生遗产保护行动和相关法规之初，都带有抢救珍贵古建筑、古遗迹、古物的背景在里面。

随着越来越多的国家加入《世界遗产公约》，出于全球化大潮中对各个国家、地区文化的尊重、努力保护全球文化的多样性的考虑，世界遗产保护领域勇于挑战传统遗产保护理念，认为整个世界的文化与遗产多样性对所有人类而言都是一项无可替代的丰富的精神与知识源泉，力争平衡东西方文化遗产保护理念、平衡南北差异、平衡遗产类型与内涵（增加了文化景观、文化线路等类型），世界文化遗产的列入标准不断进行适应性调整。

特别是前苏联解体后，冷战结束，全球政治格局发生重大变化，在坚持《威尼斯宪章》理念的基础上，文化遗产保护更加注重在一个日益受到全球化以及同质化力量影响的世界，在一个时有借由侵略性民族主义与压制少数民族的文化来获取文化认同的世界，在保护实践中纳入真实性考虑，以厘清并阐明人类的集体记忆。就像《奈良真实性文件》提倡的那样，"应该建立在有志于文化遗产保护的所有各方的国际合作基础上，并进一步推动这一合作，以促进全世界对每一种文化的多样化表达和价值的尊重与了解"，"将此对话延伸并拓展到全世界不同区域与文化，是提升人类共同遗产保护真实性的实用价值的必要前提"。

文化与经济、社会

伴随着价值标准的演变,文化遗产对于人类社会的意义也在持续讨论中。2019年上半年,关于文物资源与资产的话题引发了财政专家和文物专家的激烈辩论,《中国文物报》连续刊发了多篇有关文物是否可以作为资产的文章。[①]表明国内对于文物"价"与"值"的关系尚未形成广泛共识,而且属于比较敏感的话题。传统的观念里文物是无价之宝,不能轻易作为资产,作为重要文化资源的文化遗产不适合谈钱,毕竟其公共文化属性是第一位的。但从文化遗产保护与可持续发展的角度看,文化遗产作为重要的文化资源,其与经济、社会的关系尚需更多的理性探讨和科学研究。

关于文化与经济的关系,德国社会学家韦伯[②](Max Weber,1864—1920)首先将价值观在决定人类社会行动时的作用问题提到了理论高度,其社会学经典著作包括《新教伦理与资本主义精神》《中国的宗教:儒教和道教》,其研究视角不仅仅是宗教对经济社会的影响,是多种文化要素的深刻影响,而且认为文化对经济的影响是长期的、持续的,需要在更宏观的研究范围内追溯其文化渊源。影响人类过去与未来的要素禀赋、文化和政治的相对作用,在其他社会科学

---

① 参见2019年4—5月《中国文物报》刊发的《不可移动文物——从资源到资产》《文物不得作为资产来经营》等文章。
② 马克斯·韦伯与卡尔·马克思和爱米尔·涂尔干被并列为现代社会学的三大奠基人,他是德国著名社会学家、经济学家、政治学家、史学家、哲学家。

家、历史学家甚至考古学家之间，形成了一个争论更为激烈的领域。经济学家哈耶克在分析文化要素与经济运行的关系时，甚至认为一种无计划、不经意的文化变迁方式，导致了由具有社区意识和共同目标的石器时代文化向尊崇法律等抽象规则及其与"共同、合作的目标相分离"的现代文化的转变。除政治条件之外，哈耶克还强调这种向"新"文化环境逐步变迁的重要性。①

价值研究理论也认为经济、政治与文化是存在内在逻辑关系的，经济就是关于价值资源比例的"配置"，政治就是关于价值资源的"配置规则"，文化就是关于价值资源的"配置规则之规则"。因此，文化遗产的研究有助于推动整个社会科学研究工作，其所蕴含的文化属性并不是与经济、政治等属性割裂的，在理论和实践中应该作为一个有机的社会整体去研究。

回到文化遗产保护实践中，作为一项重要的公共事务，保护需要投入，投入就需要考虑投入和产出平衡问题。产出和影响可以是经济效益，也可以是社会效益。无论是哪种效益，无须避讳，均需要科学的研究评价方法来衡量，以便能够对比评价不同的管理措施带来的成效差异，并在遗产保护管理过程中做出准确有效的行政管理和社会运行决策。例如在文物资源开放管理、活化利用、文物认养、文化创意等实际工作中，有必要评价遗产的价值、投入的成本、产出的绩效，

---

① [美] 迪帕克·莱尔. 无法预料的后果——要素禀赋、文化和政治对长期经济运行的影响 [M]. 北京：商务印书馆，2007.

制定更为合理的使用权转让范围、转让期限、授权知识产权内容、授权期限等政策细则。

虽然任何数据统计分析都难免有不足,但可量化、可对比的分析措施能够为管理决策提供基本的科学依据。以国务院发展研究中心定期发布的《中国文化遗产事业发展报告》近年来的数据为例,中国文物事业的投入产出比为1∶4.4至1∶8,足见文化遗产保护事业并非只有社会效益,并非只是单向输血投资。遗产保护管理实践中,无论是财政投入绩效考核,还是良性保护循环理念要求,都更加重视遗产保护产出效益的分析。这样可以让定量为定性服务,使管理者更清楚地发现新业态发展的绩效和问题。相当数量的地方政府往往过分采用简单粗放的开发利用方式,忽视文化遗产的保护,事实上形成文化遗产"以经济发展为先,快速贴现、变现的、片面的、不可持续的文化遗产价值实现机制"[1]。因此必须从遗产可持续传承的角度考虑文化遗产与经济、社会的关系,平衡社会效益与经济效益、短期效益与长期效益。

其实,关于价与值的讨论,也是在思考义与利的相互关系。无论评价理论方法如何发展,应该理性辩证地看待这个问题,将文化遗产放在文化、经济、社会发展中多维度衡量。

于国,义者当先,用之于利;于民,以利策动,归之于义。

---

[1] 苏扬,张颖岚.中国文化遗产事业发展报告(2017—2018)[M].北京:社会科学文献出版社,2018.

文化空间调查

既然价值的类型、属性复杂,价值的判定标准一直在变,该如何进行价值评估呢?通常可以采用定性评估和定量评估相结合的方式。文化遗产价值的定性评估,如历史、科学、艺术、文化、社会、精神价值等,可采用文化空间调查的方法。

1. 界定范围

界定范围包括具体时间范围、空间范围,这是前提,否则后续的调查和评估就缺乏针对性。当然这样的范围界定并不是固定不变的,根据后续文化调查和价值评估工作可以进行适当的调整。文化带、线性遗产或者区域性价值分析,涉及空间范围非常大,更加有必要事先确定其具体的时空范围。

当然,有些时候你需要扩大视野,尽量扩大收集信息的地域空间范围和时间范围,进行大范围对比研究,不必受制于委托工作范围和行政区划边界。我们研究团队于 2017 年至 2018 年参与了北京市南苑地区历史文化内涵研究课题,虽然是丰台区地方文物行政部门委托的调研课题,但课题组为了准确确定南苑皇家苑囿相关历史文化价值,组织对南苑跨越的不同行政区划范围进行了初步的调查,这包括了丰台区、大兴区和一部分朝阳区,甚至将南苑与北京及周边地区其他皇家苑囿如西苑、北苑、河北省承德避暑山庄等进行比较研究,使得南苑的价值内涵得以浮现。

2. 文化调查

文化调查是价值评估至关重要的一个步骤。通过文化空间调查工作（Cultural Mapping）收集相关的历史资料、地图资料、研究文献、图片档案、考古报告、工程档案、城乡规划、管理计划、工程方案、风土人情、传统文化、传统节日、民间故事、地理数据、文化活动、宗教信仰、非物质文化遗产、教育水平、文化空间等，需要尽可能地收集完整并加以整理提炼，形成文化调查报告，并以简洁和可视化、可理解的方式呈现出来。

文化调查的关键点在于，时间不要受到限制，资料类型不要受到限制。时间上可以无限上溯，只要是与调查对象相关的历史文化信息都可以收集；类型上更是丰富多样，可以收集的方向包括历史文献、公开出版物、文章论文、政府文件、相关规划、网站公开资料、国内外历史地图网站、拍卖记录、非物质文化遗产名录、口述史、访谈记录、报纸数据库等，这些都有助于进行价值评估和提炼。

3. 确定价值

确定价值就是通常所说的意义和重要性评价，主要手段可以是参照世界文化遗产的六大标准，主要方法通常有三种。一是比较研究法。在同一类型、不同地域之间相互比较，来凸显价值。例如，"南苑是北京周边地区明清时期最大的皇家苑囿"，对于南苑这样的价值评估是将其与同类型的其他苑囿作比较。二是统计提炼法。通常包括历史、科学、艺术、文化、社会等方面。例如,"南苑是清代初期的政治副中心,清代顺治帝在位时有三分之一的时间在南苑度过",这种价值评估结论是基于数据统计和分析结果,清代哪些帝王曾巡幸南苑、来过多少次、驻留时间多长。三是亮明证据法。提出某个重要事件或重要转折点的证据。例如,"南苑是清代诸多重要历史事件的见证地",可以列出的证据包括:清政府于顺治九年(1652年),首次接见达赖喇嘛就是在南苑;康熙十四年(1675年)平定布尼尔叛乱后褒奖凯旋将士的郊劳礼在南苑北大红门外举行。通过这些方法确定遗产价值所在,以高度概括的语言阐释遗产的突出价值所在,并将其归类阐述。(图3-17)

▼图3-17 南苑全图(国家图书馆藏)

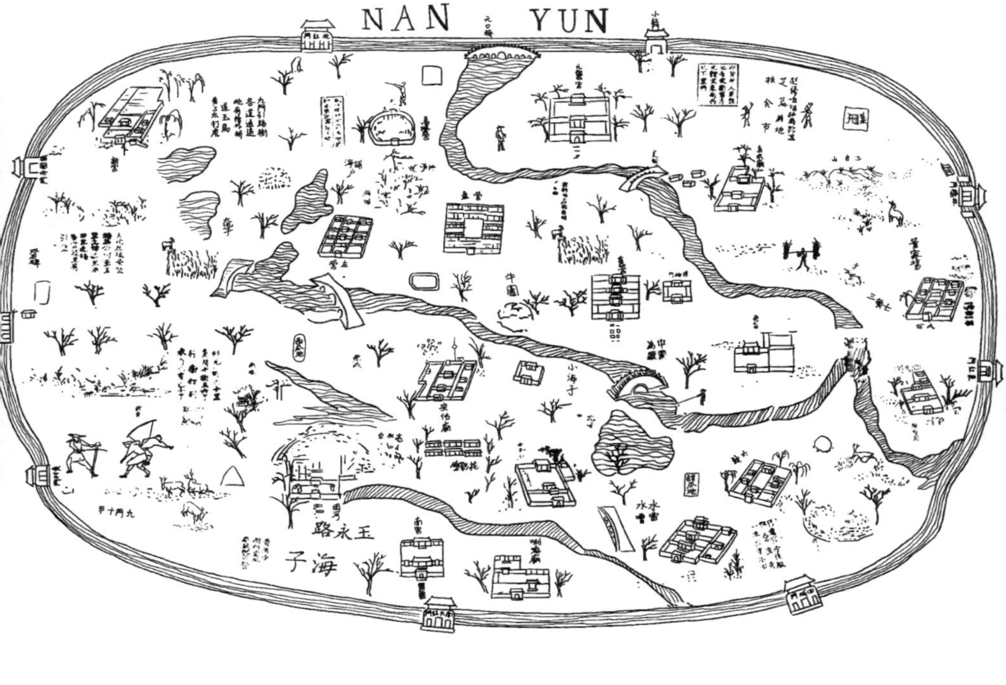

4. 管理条件

价值的确定只是个开始，还需要进一步确定体现这些价值具体构成属性或者因素是什么，也可以理解为证据，通常包括历史建筑、考古遗址、历史街区、文化景观、文化传统、历史文献、传说故事等。分析这些价值载体保存状况如何，确保所有这些要素符合遗产真实性的要求，有合适的管理计划和保护措施，并确定合适的遗产区和缓冲区以确保这些构成要素得到完整的保护管理。在文化调查过程中，已经收集的资料和信息、档案都是价值的真实体现。

当然，不仅仅是世界遗产适用于这样的价值评估、判断方法，其他类型、其他级别的遗产同样需要价值判断和提炼，把收集的数据、资料和信息加以整理，用简洁的语言和有效的证据确定价值。

合理的定量评价方法

文化遗产的产出绩效评价流程上可采用的是一种被称为 DIKW 的有效评估工具，辅以 SWOT 分析法[①]作为分析工具，

---

① SWOT 分析法，是由美国著名的咨询公司麦肯锡提出的战略分析工具。S（Strengths）是优势，W（Weaknesses）是劣势，O（Opportunities）是机会，T（Threats）是威胁。根据百度百科的解释，SWOT 分析，即基于内外部竞争环境和竞争条件下的态势分析，就是将与研究对象密切相关的各种主要内部优势、劣势和外部的机会和威胁等，通过调查列举出来，并依照矩阵形式排列，然后用系统分析的思想，把各种因素相互匹配起来加以分析，从中得出一系列相应的结论，而结论通常带有一定的决策性。

其应用于文化遗产价值构成载体分析、管理状况分析、投入与产出效果分析、管理对策分析等。DIKW工作法主要工作步骤包括：

第一，收集数据（Date）。组建合适的工作团队，根据预设工作范围收集文化遗产相关基础资料和数据，包括历史资料、地图资料、研究文献、图片档案、考古报告、工程档案、城乡规划、管理计划、工程方案、风土人情、传统文化、传统节日、民间故事、地理数据、文化活动、宗教信仰、非物质文化遗产等。

第二，加工信息（Information）。对上述基础资料进行加工整理，提炼和获得重点信息，确保这些信息的真实性，可以作为评价结论的证据和载体。

第三，提炼结论（Knowledge）。按照遗产的自身特点和信息情况提炼形成历史、科学、艺术、文化、社会等方面的价值判定，将前期的调查工作成果转化为知识和必要的价值分析呈现出来。

第四，确定对策（Wisdom）。通过调查和案例分析，提出遗产保护管理工作面临的关键性问题，识别价值的具体保存载体和体现形式，分析价值的保存状态和管理条件，采用SWOT分析法，分析其优势、劣势、机遇与挑战，对今后的保护利用提出对策和建议。（图3-18）

这些分析工具可应用于定期回顾和评价遗产保护工作，研判、更新文化遗产的价值认识、保存状态、产出绩效，找到管理工作的薄弱环节，及时修正错误和弥补漏洞，并推动文化遗产保护管理的良性循环，尽最大努力趋近于科学保护传承。

评价过程中目前较多地采用了定性评价的方法，即历史、科学、艺术、文化、社会等价值分析。但定量评价的方法仍具有重要的理论和现实意义。因物质文化遗产具有有形资产和无形资产的双重属性，因此在特定工作中评价古建筑等文化资源的资产属性时，也需要可量化的科学方法，充分考虑影响资产评价的有形、无形、直接、间接效益等多种因素。专家学者在价值评价实践的基础上，尝试建立数学模型，探索了历史名城、历史街区、历史名村、开放文物景区等价值定量评价的方法，包括因子分析法、模糊综合评判法、层

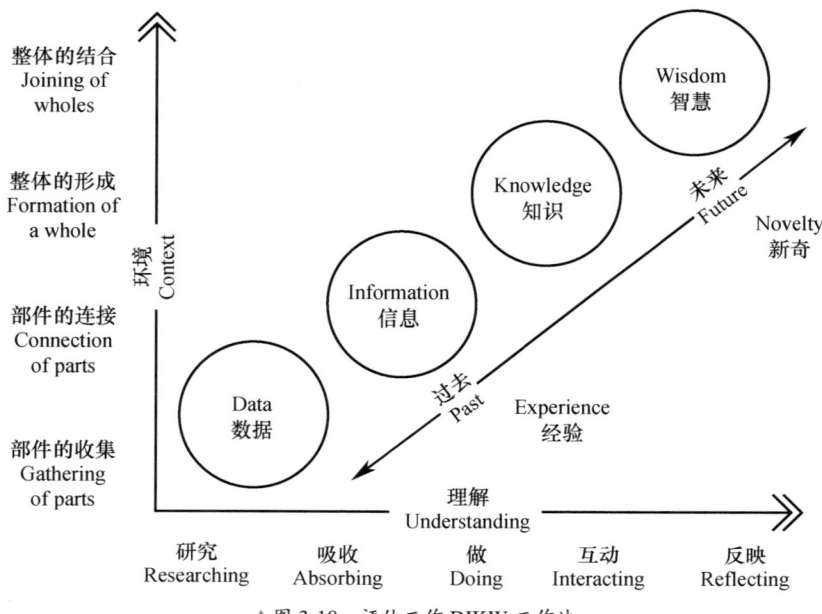

▲ 图 3-18　评估工作 DIKW 工作法

次分析法。[①] 价值的定量评价中,还可以采用德尔菲分析法,即匿名函询法,确定价值的构成及打分指标,征集专家和相关行业若干专业人士的意见,以调研打分方法开展定量评价工作。

完整的遗产管理评价应至少处理好如下几个关系:

第一,定性评价与定量评价。

第二,有形资产价值与无形资产价值。

第三,经济效益与社会效益。

第四,投入与产出。

第五,直接收益与潜在收益(短期与长期)。

经济学领域关于有形资产与无形资产的估值方法较为普遍,可以参照固定资产和知识产权转让的估值方法,主要包括市场价值比较法、未来收益评价法、成本置换法。从无限期的时间维度来看,文化遗产永久保存确实会带来无限的价值,因此必须在一定的时间限定内考虑上述评价,比如设定10年期、20年期估值周期。

社会效益方面,文物古迹的保存状态改善、扩大开放内容、传统文化传承、历史文化信息传播、精神和情感支持,增加文化认同感,提供更好的公共文化产品,为历史研究、教学等提供了更多科研信息。具体的评价方法可以采用开放参观人数调查、预期受惠人群调查、文物完好率统计分析等方法,也可采用调查问卷法对实施前后的效果进行受访者满意度调

[①] 陶金,张莎玮. 国内文化遗产价值的定量和定价评估方法研究综述 [J]. 南方建筑,2014(4): 96-101.

查等。

经济效益方面，较为直接的评价方法可以采用 GDP 占比分析方法。国内的文物事业投入产出比的常见评价中，首先确定文物事业对 GDP 的贡献度百分比，再除以同期文物系统财政支出占 GDP 的百分比，即得出投入产出比。当然这种评价方法也在不断完善，社会投入和社会产出等统计因素尚未列入其中，关联产业的间接产出效益和商誉[①]今后也需要考虑进去。如果把时间因素也考虑进去，可以用价值率对投入产出比的价值特性进行描述。

设投入的价值量为 Q_i，产出的价值量为 Q_o，时间为 T，则价值率 P 为：

$$P=Q_o/(Q_i \times T)$$

---

① 商誉，经济学概念，是经营中超额的潜在经济价值，或者预期的收益能力超过正常的部分。

第四章

遗产保护：核心是增强价值

对文化遗产的所有形式与历史时期加以保护是遗产价值的根本。

——《奈良真实性文件》

来自公众的关心

文化遗产越来越深入人心，逐渐成为全民参与的平台。上至耄耋老人，下至中小学生，生活中几乎没有人一点不接触遗产。熟悉北京的人知道，每天到北海公园、天坛公园中晨练、吊嗓子的人群也是日常生活中一道亮丽的风景；大家外出的旅行计划中也多少会参观到一些历史文化遗产。还有如火如荼的鉴宝类电视节目，也是有其积极价值的，激发了公众对遗产的关心。文化遗产天生的公益属性，更为这种开放性讨论提供了条件。社区参与方面，全球有很多很好的案例，包括中国的鼓浪屿、菲律宾的维甘古城[①]、挪威的勒罗斯矿冶小镇等。在维甘古城，公众积极参与到遗产保护的各个方面，遗产区真实性、完整性得以完好保存，其传统文化、节庆活动得到延续；城市剧场在周末会演出讲述古城故事的剧目，所有演员都是市民兼职参与的。在与鼓浪屿居民代表、勒罗斯矿冶小镇居民沟通过程中，能够明显感受到他们对遗产的那种热爱和珍视，甚至会聊到很多专业的话题，包括采用何种标准对遗产区建筑进行维修、如何保护遗产区的文化景观环境等，让人备受感动。（图4-1~图4-5）

公众对文化遗产的研究、利用等方面的关注和支持力度持续提升，逐渐呈现全社会公众参与遗产工作的态势，这是不容易的。由于国内不动产特殊管理制度，土地归国家或集体所有，相比西方国家私有土地和私有房屋普遍的情况，公有制占主导的情况给文化遗产保护管理工作也带来了不一样的特征。因此历年来文化遗产管理作为政府公共事务对公众参与的需求并不迫切，大部分遗产由公有制单位负责进行管理，资金投入方面，政府的投入占了绝对的主导，甚至在列入保护名录的过程中，无须征得管理使用单位的同意即可由政府将其公布为保护单位。除了少数面临拆迁境遇的房屋主人会主动申请政府将其房屋列为保护单位，公众也不会过多参与到文化遗产事务中，城区内大量的大杂院、郊区村落中

[①] 因维甘古城出色的保护管理工作，该遗产地曾获得联合国教科文组织颁发的世界遗产保护管理区最佳实践奖。

 ▲图4-1（a） 世界遗产维甘古城的遗产区

 ▲图4-1（b） 世界遗产维甘古城遗产区内举办的传统元素服装设计大赛

 ▲图4-2 修缮工程技术人员非常熟悉遗产理念和工程目标

 ▲图4-3 讲述维甘古城历史的戏剧全部由社区人员兼职演出

 ▲图4-4 挪威勒罗斯遗产地老镇居民（右一）讲述遗产历史和保护理念如数家珍

 ▲图4-5 与鼓浪屿的市民代表交流遗产保护

荒弃的寺庙,都嗷嗷待哺地等待着政府资金的投入;一旦房屋被列为保护单位,公众自然而然就将其保护责任交给了政府,即便是居住在房屋中的住户,也很少会主动对房屋进行修缮,特别是那些公房内的住户,房屋漏雨时会向房管所申请维修,毕竟产权不是住户的。相比之下,私有产权的院落保护状况要好得多。

可喜的是情况越来越好,越来越多的公众关心文化遗产保护的理念乃至修缮手法、实施细节。公众的参与,既是压力,也是动力。作为遗产,坚持公益性是一项基础工作,尽最大努力为地方社区创造惠益的服务。全社会和社区的广泛参与、认同感,也会反过来促进遗产保护。

但少数时候,也会因为这种关心而产生幸福的烦恼。很多人都在茶余饭后讨论文化遗产保护热点事件,会在网络上吐槽"奶奶庙"类型的杂糅传统文化。① 这是每个人都有发言权的话题。来自公众的关心是一把双刃剑,大部分时候起到了媒体监督、公众监督的作用,在面临遗产被拆除的威胁事件时,与文化遗产从业者、爱好者携手完成了很多逆袭,保下了一大批濒临消失的遗产,我们得珍惜社会的关心和支持。

再如,长城遗产的日常管理也经常成为公众关心的话题。在一些情况下,由于长城上生长的树木等自然因素影响了长城墙体的安全,植被根系的生长破坏了长城墙体原有的结构

---

① 一个网络热点事件,参见徐腾网络文章《他奶奶的庙》。该文讨论什么是真正的传统建筑审美、什么是经典意义的传统文化,以及民间文化如何在传统文化之外获得新的变化。

和强度，成为长城遗产安全的主要影响因素之一。那么，对于长城遗产上出现的自然植被是应该予以保护，还是予以治理，讨论和争议一直在持续。一个值得讨论的案例是长城"迎客松"。北京市一段名为箭扣长城的墙体上生长了一株松树，成为攀登长城的游客关于箭扣长城的标志物、纪念物，大家称之为箭扣长城的"迎客松"，很多人到此合影，甚至攀爬到松树上合影留念。

2016年，由于干旱和人为原因，这棵著名的"迎客松"枯死，引发了互联网上有关"保护遗产、保护环境、保护生命"的激烈讨论。树木的消失虽然对长城保护更有利，但一部分热情的游客已经将该松树与箭扣长城视为一个整体，甚至有人怀念它而在原地重新栽种了新的小松树，今后它又会在长城墙体之上扎根、生长，很可能威胁长城本体的安全。然而，大家关心爱护生态环境、多增添一些绿色总是好事，无可厚非，可是长城怎么办，爱护长城的人士也是很心疼的。（图4-6）

国际古迹遗址理事会（ICOMOS）于2007年发起一项关于文化尊严的主题倡议，2011年在挪威国际古迹遗址理事会的协调下，该

▲图4-6 新闻媒体关于箭扣长城迎客松的报道

主题倡议成为《世界遗产公约》三个咨询机构（ICCROM、ICOMOS、IUCN）的合作项目。ICOMOS 于 2011 年专门成立了一个工作组（OCDI 工作组），主要目标是提高人们对世界遗产和遗产管理中的一般权利问题的认识，邀请社区积极参与文化遗产的鉴定、选择、分类、解释、预防性保护、风险防范以及文化遗产的管理和发展全过程，让社区参与和文化权利成为遗产精神的一个组成部分。[①]ICCROM 也正在按照联合国 2030 可持续发展议程的精神，于 2011—2017 年实施了"以人为本"的遗产保护计划。无论是国际社会还是中国官方，都在积极推进世界遗产委员会提倡的"5C"（可信度、有效保护、能力建设、公众宣传、强化社区角色）战略，其中可信度、公众宣传、强化社区角色这三个战略都与公众利益有关。处理好遗产保护与公众利益的关系，将是遗产管理综合能力建设非常重要的一环。

最美长城美不美

我们肯定不会忘记新近发生的另一个案例——辽宁"最美野长城被砂浆抹平"的争议。2016 年，媒体报道了辽宁省绥中县永安堡乡小河口村长城修缮的事件，公众举报该地段

[①] 参见国际古迹遗址理事会官方网站的主题栏目（www.icomos.org）。这里的"社区"是指在一定的地域范围内或者一定的文化范围内的社会生活共同体，与中国的居民社区概念不同。

是辽宁地区最美的野长城,被人用水泥砂浆抹平。举报人表示:"原本残缺的垛口墙等都被抹平了,野性十足的长城成了被硬化的'路面'。这种修葺还不如不修,简直比破坏还可怕。"这个报道一经刊出,立刻在媒体和网络上形成了舆论旋涡,部分公众质疑这次修缮工程的科学性。

根据网友提供的资料,小河口长城修缮之前是原汁原味的野长城,长城被植被掩映,自然景观与人文景观和谐相处,敌楼门窗雕刻着精美的花纹,具有独特的阴柔之美,被公众称为"女性长城"。媒体报道后,当地文物部门回应称:网友提及的"最美野长城被砂浆抹平"说法并不准确,此次长城修缮使用的材料并不是砂浆,不了解长城修缮工艺的人很容易误解;修缮长城不能完全为了视觉美观,此次修缮属于抢险工程,由于部分地段的长城有险情,游客肆意蹬踏,雨水大的时候顺着墙体流下,长城有倒塌的风险,所以需要进行抢险修缮;过程合理合法,经过了论证和审批,修缮工艺也没有问题。上述回应,并没有平息事件,反而引发了更大范围的质疑。国家文物局也及时派出专家组赴现场调查,召开新闻发布会公布了调查结果,针对其中确有不当的措施,责成当地文物部门处理整改,并在后续的通知中要求修缮工程注意兼顾外观审美问题。至此,风波渐渐过去。

这个案例中的乌龙事件(网络报道中修缮前的图片并非修缮地段)、施工单位的不当措施(记者调查发现了砂浆中掺有水泥)等细节不去讨论。长城既然面临坍塌损毁的危险,及时抢险保护也是理所应当的,而且这种增加"帽子"的做法是对长城本体有利的。英国的哈德良长城也曾经采用过类似的修缮做法，只不过后来为了兼顾外观审美，将墙体顶上的保护"帽子"改为软性材料并植草绿化，看起来更生态一些，这是个专业技术问题。

事件虽然已经过去了几年，需要从理论角度理性讨论的是，这种技术细节的争议是如何产生的？而且这种争议并未消融，中国有至少数千公里的长城亟待保护，争议可能会源源不断。事情得回到理念层面予以探讨，长城的价值是否已经明确且清晰地与所有的参与各方人员（包括处理具体每一个砖块、石块的修缮工人）达成了共识？长城作为世界遗产，其整体的突出普遍价值与局部特定地段的价值是否完全一致？除了历史、科学、艺术价值，每一段长城在公众心中的情感价值、审美价值[①]是否需要评估和考量？所采取的修缮措施是增强了该段长城的价值还是削弱了价值？如果承认该段长城有独特的个性价值，承认"野味儿"是该段长城的特殊价值，那么每一个斑驳的风化痕迹、每一片砖块及石块上的苔藓，作为时光的印记，作为具有怀旧意义的载体，也是应该予以妥善保护的。保护理念达成共识，具体对策和技术问题的争议相应就会减少。（图4-7）

其实，辽宁最美长城的争议只是众多争议案例中的一个，关于长城"包砖"的争议也由来已久，长城小站网站和长城战队微信公众号多次报道了近年来给夯土长城外加仿古青砖

---

① 审美价值与艺术价值不同，比如一个石块上的苔藓，没有人为的创造，不具备艺术价值，但却具有美感。

的做法。2018年6月，网友称明长城最大的军事边堡、山西省重点文物保护单位——大同市新荣区得胜堡被使用仿古砖包裹修复，媒体质疑这种修缮做法是否破坏了文物本体和沧桑的历史感，"包砖"会不会把文物古迹搞成了仿古建筑。地方政府及时给予了回应，表示工程措施的初衷是好的，优先保护文物本体的安全。

▲ 图4-7　新闻媒体关于"最美长城被砂浆抹平"的报道

　　从长城保护的这些案例中可以看到，很多时候鱼和熊掌是不可兼得的，采用什么样的保护方法来兼顾各方的需求，需要在较为统一、持续、稳定的指导原则下定夺，并以价值判定的共识为基础。若是承认审美价值，那么修缮措施中既要保证长城的安全，又需要兼顾审美、精神等其他层面的需求，从理念和技术两个方面着手，研究出一套各方都能大体接受的保护方法。这些指导原则，应该是基于长城遗产价值真实性、完整性的原则和共识。

　　长城的保护修缮工作还在持续进行，不解决保护理念——"道"的问题，工程措施——"术"的问题就很容易引发争议。《威尼斯宪章》已经形成的共识值得参考，对这类工程具有普遍适

用的指导作用,值得在中国的社会环境中因地制宜采纳。(图4-8)

无信息,不真实

遗产的关键是价值,价值的关键是真实性,真实性的关键是信息。

1964年《威尼斯宪章》是最先确认遗产真实性重要意义的正式文件,以此基础孕育的1994年《奈良真实性文件》对价值与真实性进行了系统的阐述。《奈良真实性文件》强调,"维

▲图4-8 北京市平谷区红石门段长城

护文化遗产与其所有的形式与历史是根植于遗产之价值，我们了解这些价值的能力部分取决于这些价值的信息来源是否真实可靠。对这些与文化遗产的最初与后续特征有关的信息来源及其意义的认识与了解，是全面评估真实性的必备基础。在每一种文化内部，就其遗产价值的具体性质以及相关信息来源的真实性和可靠性达成共识就变得极其重要和迫切"。

上面这些论述强调遗产所蕴含的信息真实、可信是非常重要的评价基础，真实性的关键是信息，信息来源包括所有物质的、书面的、口头和图形的信息来源。如果说真实性这样高深的理论难以理解，至少可以做到的是搞好基础研究，大量收集数据、信息、资料：第一，遗产的来龙去脉要尽量研究清楚；第二，遗产的信息要尽量真实可信；第三，遗产信息的收集要尽量全面。

《奈良真实性文件》指出真实性取决于文化遗产的性质、文化语境、时间演进，真实性评判可能会与很多信息来源的价值有关。这些来源可包括很多方面，譬如形式与设计、材料与实质、用途与功能、传统与技术、地点与背景、精神与感情以及其他内在或外在因素。使用这些来源可对文化遗产的特定艺术、历史、社会和科学的维度加以详尽考察。单靠文字理解起来有些困难，价值的真实性构成要素可以通过分析模型来呈现，在实际工作中可以使用这个模型进行价值分析。价值的类型可以根据研究成果扩展，构成来源也可以根据实际情况扩展，操作指南 2017 版对真实性的来源增加了"语言和其他形式的非物质遗产"。（表 4-1）

表 4-1　价值的真实性构成要素分析模型

信息来源＼价值类型	艺术	历史	社会	科学	其他
形式与设计					
材料与实质					
用途与功能					
传统与技术					
地点与背景					
精神与感情					
语言和其他形式非物质遗产					
其他因素					

现状还是原状？

为了保护文物的真实性，中国的文物保护法规也一直强调"不改变文物原状""最小干预"的原则，这样做的目的也是最大限度维护和保存文物所蕴含的各种信息。至于什么是"原状"，也有争议，"原状"与"现状"需要较为清楚的界定，否则在实践中会出现较大的分歧。目前对"原状"有三种理解：一为当下状态或者现状；二为历史上辉煌状态或最佳状态；三为公布列入保护名录时的状态。这三种理解方式都是基于时间维度的，找到一个时间点作为"原状"的状态。这种理解方式看上去较为简单易行，可操作性强。现实往往更为复杂，实践中每一处文物古迹的情况千变万化，单纯依靠时间维度界定"原状"无法适应所有的情况，比如荒废就不应成为被保护的"原状"状态。

关于什么是"原状"，通常认为是干预措施之前的现状或者公布为保护名录时的状态。因此应坚持最小干预、最大限度维持现状。理想的情况是达成措施目标、病害得以抑制，但干预措施并没有导致遗产的状况发生改变。木结构古建筑修缮特别是彩画保护的争议是一个焦点，与西斯廷教堂对米开朗基罗所绘宗教天顶画的谨慎修复不同，东亚地区的彩画通常会定期重绘，恢复到最佳状态，油饰彩画甚至底部的一麻五灰地仗①也会砍掉重新制作。

新世纪之初故宫、颐和园、天坛等大型修缮工程中重绘彩画的方式受到了国际社会的关注，2006年联合国教科文组织（UNESCO）世界遗产委员会第30届会议通过关于北京世界遗产地保护状况的决议。决议质疑：此3处遗产地的修缮工程开展是否过于仓促，是否缺少足够依据，是否有清晰的操作准则，其中焦点即是大面积的彩画重绘及瓦件更换的做法。这也是为什么2007年、2008年由中国国家文物局连续两年组织在北京召开了东亚地区文物建筑保护理念、木结构彩画保护方面的国际研讨会，积极与国际同行交换意见，并由此产生了《北京文件》。②这些文件从文化多样性和地区传统的角度解释了东亚地区古建筑彩画重绘的合理性，得到了

---

① 一麻五灰地仗，是古建筑彩绘中常用的工艺，彩画与木构件表面之间的过渡层，由一层麻和五层灰组成。
② 林佳. 遗产保护中的文化冲突与《北京文件》——兼论中国古建筑彩画的特点与保护[J]. 建筑学报，2013（2）：6-9.

国际社会一定程度的认可。

还有另外一种对"原状"的理解,即从价值的角度进行判断,有价值的部分才是"原状"。《中国准则》2015年版第9条对于"不改变原状"的阐释,明确了"由于长期无人管理而出现的污渍秽迹,荒芜堆积,不属于文物古迹原状。历史上多次进行干预后保留至今的各种状态,应详细鉴别论证,确定各个部位和各个构件价值,以确定原状应包含的全部内容。一处文物古迹中保存有若干时期不同的构件和手法时,经过价值论证,可以根据不同的价值采取不同的措施,使有保存价值的部分都得到保护。不改变文物原状的原则可以包括保存现状和恢复原状两方面内容"。

《中国准则》提出的这种基于价值评估界定"原状"的方式,尊重每一处文物古迹的个性,更有利于维护信息的真实性,但操作难度也大,要求方案制订、审核、实施、监督、评估等各个环节的管理机制有效发挥作用,要求负责人员具备较高的科研意识和职业素养。(图4-9)

▲ 图4-9 老人们对寺庙修缮后改变原有彩画内容表示惋惜

解局困境

如何保护展示遗址一直是典型的保护工程难题,而且涉及敏感的复建话题。根据遗址材质特性、脆弱情况、展示需求等通常会采取非常不同的保护展示方式,在可能的情况下,会尽量采取遗址原貌为主、配合非常少量的局部修复方式,如希腊雅典卫城遗址、圆明园西洋楼遗址等。相比西方建筑遗址,中国传统古建筑的遗址在发掘后通常是砖土结合的状态,夯土遗址在风吹日晒的露天展示条件下将更加难以持久维持。圆明园遗址内,石、砖、土等各种材质的遗址均有保存,其保护难度和复杂性可想而知。我们来看看圆明园遗址的保护实践中价值和真实性是如何影响具体保护策略的。(图 4-10 ~ 图 4-13)

▼图 4-10 为遗址增加新结构以兼顾加固和展示

▲图 4-11 遗址归安和构件补配方法

▲图 4-12 为遗址或构件增加必要的保护棚
▼图 4-13 尽量对遗址实施支顶加固以减少干预

圆明园遗址位于北京市海淀区西郊三山五园片区的东部，为第三批全国重点文物保护单位、第一批国家考古遗址公园，并已列入全国150处大遗址保护项目之一。整个圆明园遗址由圆明园、长春园、绮春园三座相互独立又互有联系的园林遗址共同组成，总面积352.13公顷。圆明园历经康熙、雍正、乾隆、嘉庆、道光、咸丰六朝，达150余年的不辍经营，是清朝紫禁城外第二政治中心。1860年圆明园毁于英法联军焚掠，其后经过100多年的陆续损毁破坏，圆明园已经不能用面目全非来形容了，你能在这里看到工厂、单位、农舍、农地、苗圃，

甚至猪圈，可以说垃圾遍地、堆积如山，整治和恢复工作漫长而艰苦。

1985年圆明园福海等景区整治清淤后向游人开放。1989年起，海淀区政府启动圆明园遗址的征地转居工作，共转居1072户、2533人。配合绮春园宫门区保护工程，拆迁了占压宫门及涵秋馆遗址的86户、448间住房。配合西部遗址整修，在1999年6月至2000年12月期间，搬迁园内住户615户。与此同时，驻园单位的腾退工作也在陆续开展。2001年，区属11家驻园单位迁出圆明园。伴随着腾退安置与环境整治工作，1994年至2004年期间，圆明园考古工作深入开展，完成了含经堂、长春园宫门区、藻园、十三所、武陵春色桃花洞、如园芝兰室等至少6处景区的考古发掘工作；完成绮春园五孔闸、曲院风荷、涵秋馆、凤麟洲、天心水面、心镜轩及圆明园西北部廓然大公、武陵春色、濂溪乐处等32处地点的考古勘探工作。其中，含经堂遗址总发掘面积达35000平方米，共计发掘51处建筑遗迹。近几年陆续实施了西洋楼景区和大宫门地区的考古发掘工作。（图4-14、图4-15）

圆明园遗址腾退和实施考古调查发掘后，遗址如何保护展示，考古遗址公园如何建设，就成了亟须讨论的问题，迫切需要形成可执行的原则和共识。当时，极少有文物保护单位开展文物保护规划编制工作，没有宏观性文物保护规划文件可供指导。在这样的工作背景下，1999年至2000年政府部门及圆明园管理处组织北京市城市规划设计研究院编制了

▲ 图 4-14　圆明园西洋楼大水法遗址

▼ 图 4-15　圆明园西洋楼部分遗址发掘后的状态

《圆明园遗址公园规划》①（2000年版规划），以进一步明确圆明园遗址的价值、性质及功能，为圆明园遗址的保护、研究、管理、利用提供规划依据和科学指导。在规划评审过程中持不同观点的专家进行了较为激烈的讨论，一方认为应该更多地实施遗址复建（或者说重建、恢复），局部恢复圆明园皇家园林的历史风貌，另一方则认为应该实施原汁原味的遗址保护，严格遵循不改变文物现状的原则，即保持环境整治之后或者发掘出土的遗址状态。（图 4-16~ 图 4-18）

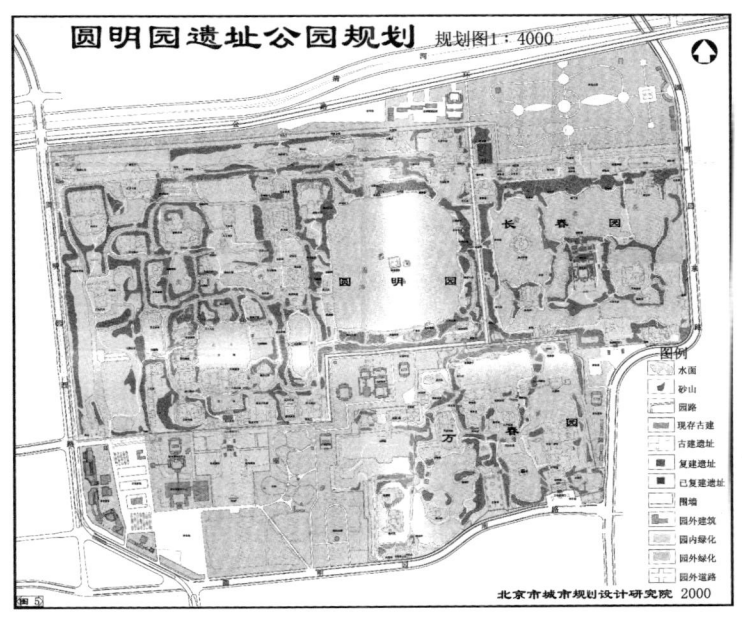

▲ 图 4-16　圆明园遗址规划图（2000年版）

其实，这两种观点主要是基于对圆明园遗址最核心价值

---

① 根据该规划内容，实际应定性为圆明园遗址文物保护总体规划大纲。

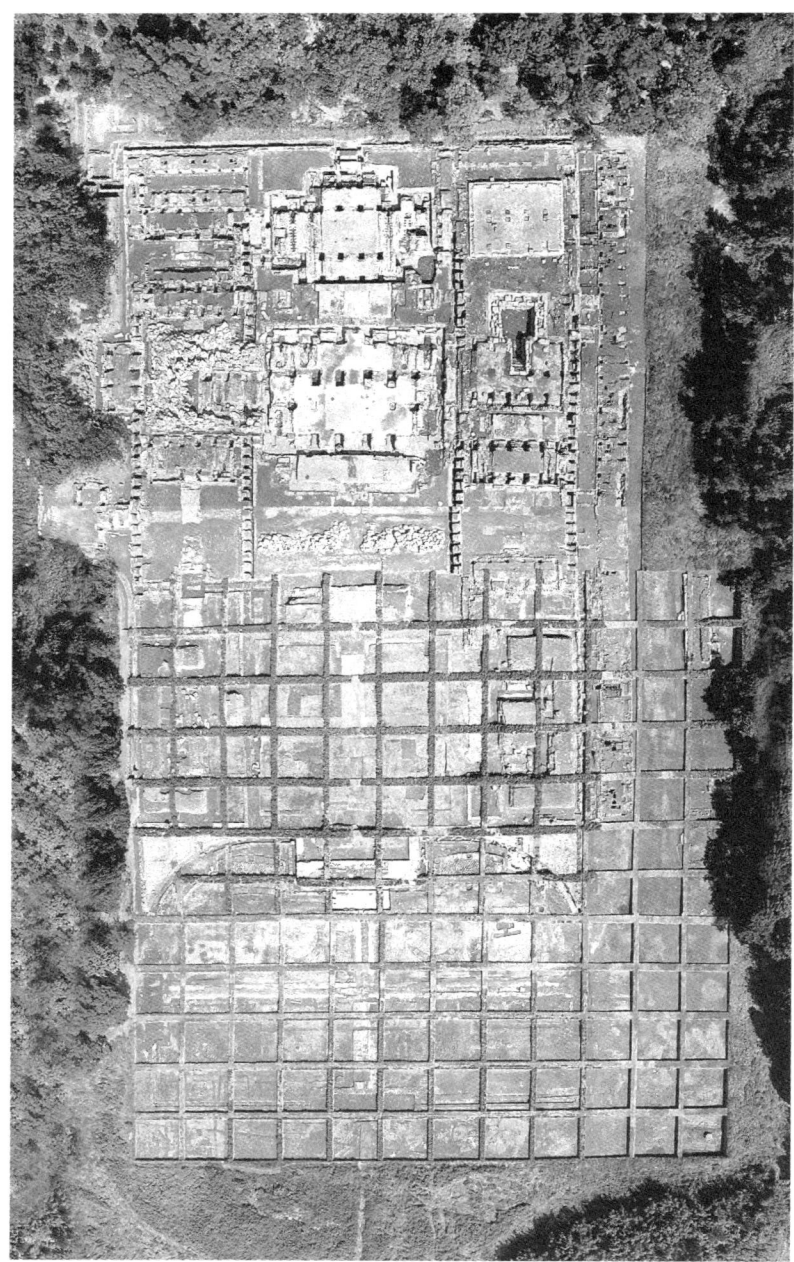

▲ 图 4-17 圆明园含经堂遗址考古发掘现场俯瞰

▲ 图4-18 含经堂遗址采用了地表格局模拟的保护展示方式

的判断提出的观点，出发点是相似的，都是为了更好地保护和展示圆明园遗址。差异在价值判定上。如果认为圆明园最大的价值是东方皇家园林的杰出代表和集大成者，是法国作家雨果笔下那座最美的皇家园林，那么适度的方式哪怕是通过局部修复、重建去展示圆明园的营造过程、营造理念、审美文化、东方意趣，也更强调历史、科学、艺术价值，而且能更好地服务于遗址开放。如果认为圆明园遗址只是遗址，是帝国主义侵略中国的罪证，是中国近代化过程中的屈辱象征，承载了国家苦难和民族记忆，似乎更应该采取较为彻底的遗址原貌保护措施，哪怕是被大火烧裂的石质构件[1]，也应该原址、原貌展示给公众和后人，提醒我们铭记那段历史，使全人类铭记侵略和战争的可怕之处，鼓励人们珍惜和平。

讨论的最终结果是尊重圆明园遗址的多重价值。2000年

---

[1] 在圆明园大宫门遗址考古发掘中发现过大火烧过的痕迹。

版规划文本中将圆明园遗址的价值与作用定位为:

第一,圆明园遗址是全国重点文物保护单位,具有重要的文物科考、历史和艺术研究价值。

第二,圆明园被焚毁的历史使中国人民开始觉醒,认清了帝国主义侵略和掠夺的本性,认识到贫弱必受人欺,国富民强才能立于世界民族之林,并将以此教育后人以此为鉴,反对侵略,保家卫国,保卫和平。圆明园遗址的历史价值、科学价值、艺术价值是无价之宝,它的史料作用、借鉴作用、教育作用是显而易见的。

第三,圆明园遗址是19世纪帝国主义侵略和掠夺中国的罪证,是进行爱国主义教育的典范。

从圆明园遗址2000年版规划文本所述的价值判定来看,多重价值之中更倾向于罪证价值,文本中用了很多篇幅阐述其教育意义,遗址保护论略占上风,但兼顾了少量关于开放和展示而必需的修复需求。依据上述价值判定,关于古建筑修复方面的规划策略,被确定为平衡性的策略,规划本着宜少不宜多的原则,根据游人规模、游览路线、服务半径、服务需要等综合因素,恢复功能需要的少量建筑,除恢复长春园的含经堂、圆明园和长春园宫门外,三园内还需复建一些亭、台、轩、榭、值房等作为供游人休憩,避风雨和饮食服务点,小卖、厕所、管理等用房。恢复建筑面积控制在古建筑遗址面积的10%以内,越少越好,并且不要破坏原遗址。

在圆明园遗址规划出台后的将近20年实践中,各方谨慎

行事，遵照规划、因地制宜，尝试了多种遗址保护展示方式。（表 4-2）

表 4-2　近年来圆明园遗址主要保护展示工程实施情况统计简表

序号	遗址名称	保护展示方法	遗址材质特性	实施效果	实施时间
1	含经堂遗址	地面铺装+格局展示	砖石、夯土	格局展示较充分	2003 年
2	长春园（二宫门+澹怀堂遗址）	一半修复+一半遗址露天原貌展示	砖石、夯土	方案较为均衡兼顾管理与展示	2009 年
3	西洋楼遗址	增加栈道+原貌展示	石材、砖石	管理措施更合理遗址原貌展示	2016 年
4	蓄水楼遗址	局部修复+结构支撑	夯土	有效抢险加固	2016 年
5	大宫门遗址	遗址架空原貌展示+传统形制保护棚	砖石、夯土	兼顾遗址原貌保存和整体风貌	方案审核中

这些实践案例中，一直注意尊重遗址所蕴含的信息以及信息的真实性，即便是原计划实施复建的含经堂遗址也改为遗址示意性修复至台明和室内地面予以展示，原本石质台明、阶条石等构件也只是采用了青砖对原始格局和尺度予以展示，含经堂遗址被保存在了地下。而根据规划可以修复的长春园宫门（便于开放展示、售票服务等工作），最终选择了仅仅恢复其宫门和门外东西朝房、影壁，大门内的澹怀堂遗址实施了遗址原状加固展示，两种方式各采用一半。足见各方对圆明园遗址保护工作是非常谨慎的，边研究边推进，并大幅度改善了遗址保护状况，为中国的遗址保护工作树立了典范。（图 4-19）

▲ 图 4-19　圆明园长春园宫门（澹怀堂）一半复原、一半遗址展示

冲动的理由

　　这种遗址保护难题是一个较为普遍的现象，不仅仅发生在圆明园内。尽管重建、复建和恢复辉煌的冲动一直在被尽量地抑制，关于复建的讨论往往引发争议，但实际工作中这种冲动像是壶盖下的沸水，一直在不断向上涌，与欧洲遗产保护萌发初期的情况有些相似。我认为这种冲动与三个历史因素有关。

　　第一个因素是情感。鸦片战争以来的近代中国饱受欺辱，整个民族遭受的苦难经历让我们在取得巨大经济发展成就的时候，难免会忆及往日的辉煌，在文化遗产领域往往表现为重建过往标志性的建筑物，这是可以理解的正常情感。例如复建北京地安门的提议，是由著名的院士提出的，其论证工作甚至持续了将近 20 年时间，尚未定论。而且当下及今后一个时期国家的发展总目标就是中华民族的伟大复兴，文化遗产的工作自然也会在这个大背景下担负起相应的政治、文化、历史责任，复建就容易被理解为复兴。

第二个因素是审美。清末国力衰微以来，由于战乱、"破四旧""文化大革命"等不同时期的损坏，经济上也长期捉襟见肘，大量的文化遗产年久失修，面临着损毁严重的尴尬境地，很多古建筑群相比较原始格局，往往残缺不全，现在只剩下山门、大殿等少量建筑，但配殿等其他组成部分损毁为遗址状态的案例比比皆是。这100多年来我们的欠债过多，随着经济社会的发展，开始慢慢还债，对建筑群落历史格局的恢复也就成了重建或复建的有力支撑理由，特别是对称的格局中，若是其中一侧健在而另一侧残缺损毁，其复建也就理所应当了。在具体的文物保护工程中经常有这样一个隐藏公式：抢险修缮＋局部复建＝修复。与欧洲对残迹那种浪漫主义的审美意向不同，我们似乎不喜欢残缺的格局或不对称的格局。

第三个因素是传统。亚洲地区木结构古建筑本身所具有的文化传统和技术特性所导致的重建冲动。如果仔细阅读大部分古建筑的沿革介绍，你通常会发现这样的文字："某某寺庙，始建于明代，清代乾隆年间重修。"这些重修过程有时候是因为战乱或大火焚毁，有时候仅仅是因为到了该彻底修一修的时候。而且这些重修过程会以立碑的形式记载于寺庙等古建筑内。邻国日本也有这样定期重建的案例。

实践中有关复建的讨论，必要性与可行性是主要的考虑因素，比如该处文物是如何的重要，曾经由于何种原因损毁，考古发掘与历史档案的证据如何等。对价值的研判和讨论成为容易被忽视的问题,即该处文物的价值究竟是什么,这些价值由什么样的真实性载体体现,重建或复建的行为对价值是增益的还是有损伤的。

关于重建,根据郭旃先生的看法,文物不可能再生,这是文物的属性所在、珍贵性所在,也是真实性原则不可或缺性所在。本质上,重建是按照历史有过的模式,使用类似的材料,模仿再造一个当代的新东西。重建如果做得好,也可能会成为文物保护对象。但它的实际"年龄"只能自它被建成之日始。[①] 我们倒不是一味地反对复建,对文物的历史属性、珍贵性予以重视,其实也就是要充分认识到价值所在,尊重遗产的真实价值。针对这种遗址保护与修复的矛盾,日本在奈良平城京遗址保护展示方面采取了与圆明园遗址类似的做法,即谨慎的局部修复与大面积的遗址原貌展示相结合。(图4-20)

▲图 4-20 奈良平城京遗址

---

① 郭旃. 当前我国文化遗产保护工作中的若干问题 [J]. 中国科学院院刊,2017,32(7):723.

三重保护之圈

确定了遗产价值之后,为了确保体现遗产价值的属性和要素得到妥善保护,需要评价、识别遗产的完整性情况,并需要通过保护管理体系对其予以保护。完整性是用来衡量遗产及其特征的整体性和无缺憾性的。因而,操作指南中要求,审查遗产完整性需要评估遗产符合以下特征的程度:

第一,包括所有表现其突出普遍价值的必要因素(体现价值的载体)。

第二,面积足够大,确保能完整地表达体现遗产价值的特色和过程。

第三,受到发展的负面影响、缺乏维护的状况能够明确陈述。

为了保护遗产构成属性和构成要素的完整性,保护遗产本体和周边环境风貌,无论是国际社会还是国内在遗产保护实践中都采用了划定两级保护区划的方法,即根据遗产本体分布情况划定其遗产区(也有称为核心区,Core Zone/Property)以保护本体,划定的边界范围内应包含所有能够体现遗产突出普遍价值的元素,并保证其完整性与真实性不受破坏。另外,在其周边应当划定一定的缓冲区(Buffer Zone)以保护其环境景观或历史风貌,提出管理要求,限制使用和开发。这种传统的"遗产区+缓冲区"的保护管理方式,类似于鸡蛋的结构,蛋黄就是遗产区,蛋清就是缓冲区,要求管理边界很清晰。

故宫缓冲区的形成过程较好地体现了遗产区与缓冲区之间相互协作的关系。故宫于 1987 年入选中国首批世界文化遗产，但当时尚未划定其缓冲区。2004 年在苏州举办的世界遗产大会对故宫的保护状况进行了审议，要求北京于 2005 年完成故宫外围缓冲区的划定。北京市立即组织专家团队制订了故宫保护缓冲区方案，2004 年 9 月在网上进行公示。其中包括两个备选方案：方案一是将缓冲区范围定为皇城范围，总面积为 597 公顷。方案二是包括旧皇城和由什刹海、南锣鼓巷、北锣鼓巷和国子监 4 处历史文化保护区及其建设控制区域组成的北城区，同时局部向南扩展到天安门广场南，遗产区、缓冲区共计 1463 公顷。虽然方案一的皇城方案也能够有效保护故宫的周边环境景观，但经过慎重抉择，考虑旧城及相关历史街区的整体环境保护，最终还是选择了方案二，即更大范围的遗产缓冲区的划定要求。这种缓冲区划定方案结合了旧城历史文化保护区和重点文物保护单位的分布情况，将有利于故宫遗产背景环境的保护。（图 4-21～图 4-23）

对应《中华人民共和国文物保护法》等国内法律法规的要求，遗产区和缓冲区分别对应为文物保护单位的保护范围和建设控制地带。在保护范围和建设控制地带内实施的建设工程等行为均应依法履行审批程序，这一法律要求和两级管理区划的实践做法有效地保护了文物保护单位或遗产，取得了很好的实践效果。中国在申报颐和园、天坛等世界文化遗产过程中曾根据当时的理解设定三级管理区，即保护范围、建设控制地带、缓冲区，2011 年在世界遗产回顾性地图修订

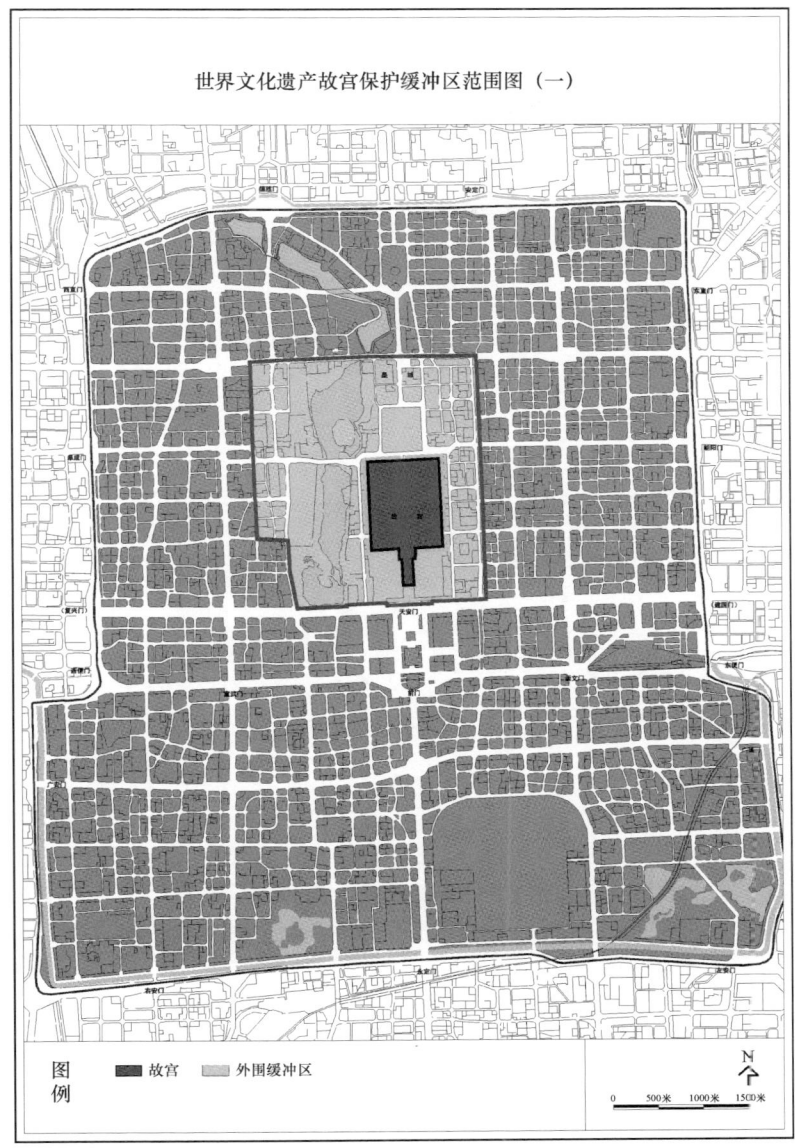

▲图 4-21 故宫缓冲区划定之皇城方案（方案一）

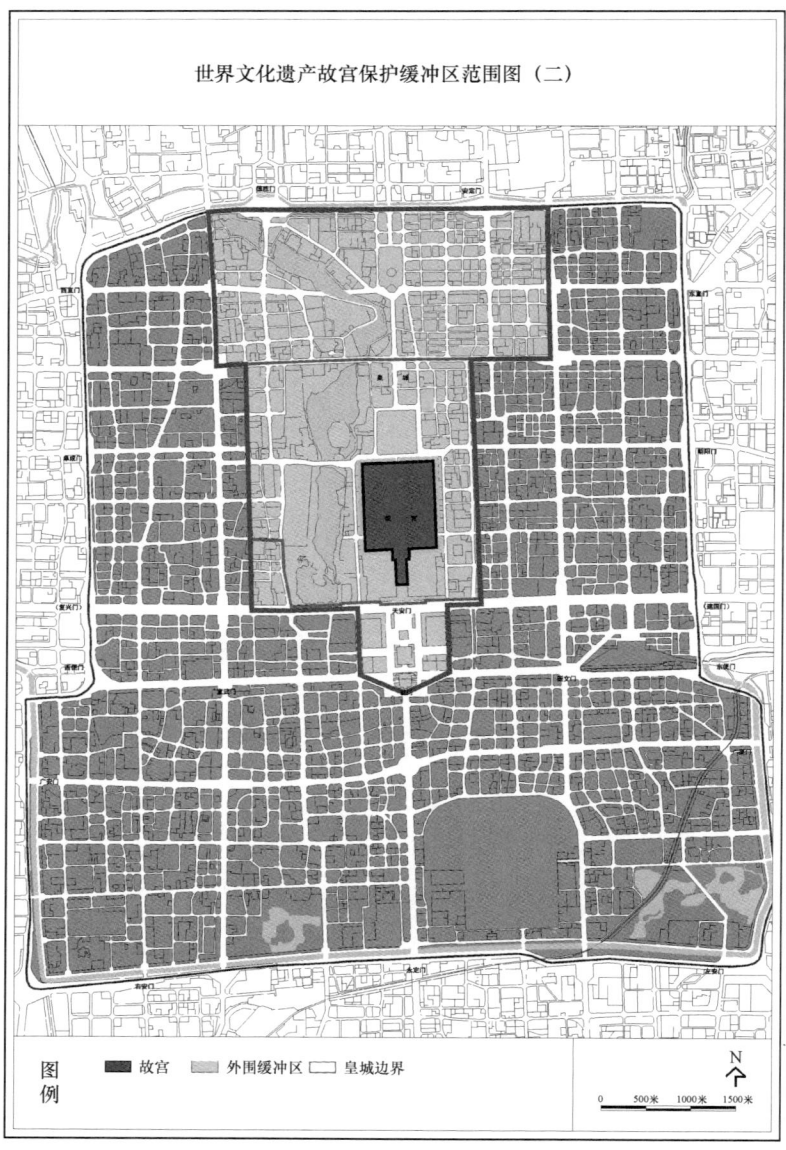

▲ 图 4-22 故宫缓冲区划定之旧城以北方案（方案二）

第四章 遗产保护：核心是增强价值 **141**

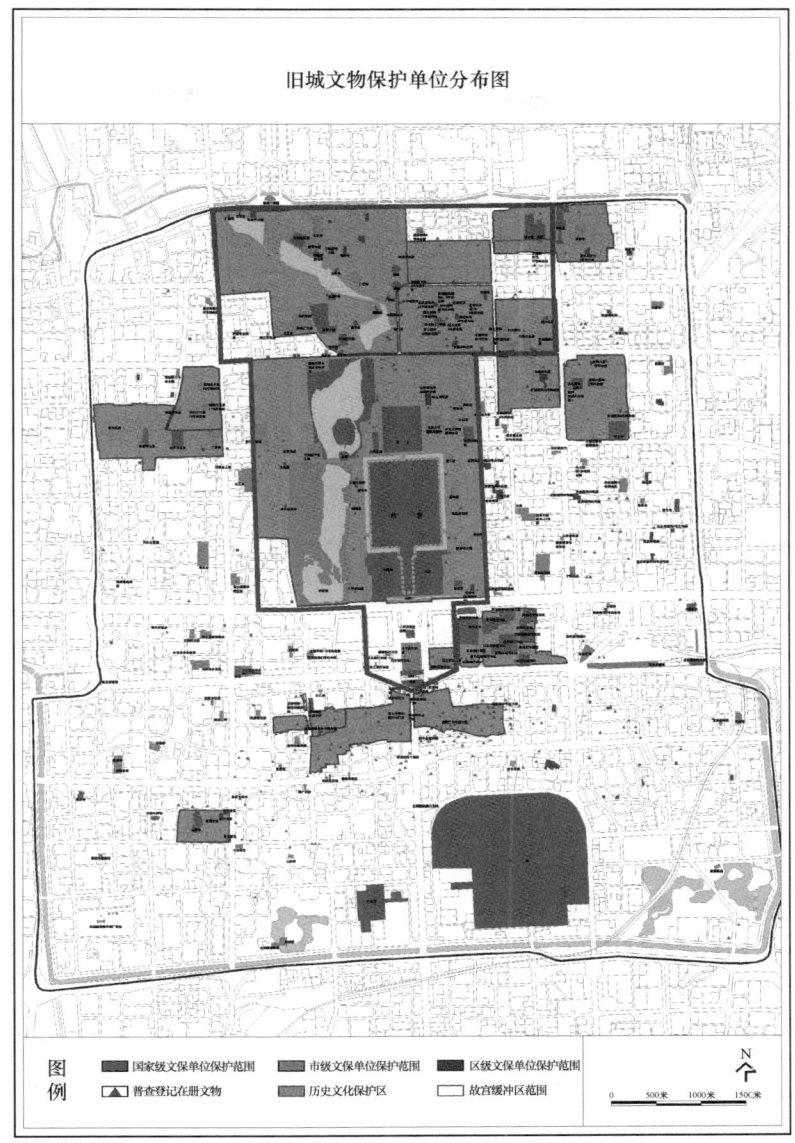

▲ 图 4-23 旧城历史文化保护区和文物保护单位分布图

工作中应世界遗产委员会的要求重新明确为两级管理区划,形成两层具有明确物理边界的保护区划,保护遗产的真实性和完整性。

除了遗产区、缓冲区的管理机制,近年来遗产保护理念的一大变化在于更加关注遗产所处的背景环境之保护,即增加了第三圈保护层,实施完整性保护,就像在蛋黄和蛋清的外面再包上蛋壳,只不过这个蛋壳不再是清晰的物理边界,而是一个社会背景环境。2005年在西安召开的国际古迹遗址理事会（ICOMOS）第15届大会发布的《西安宣言》就明确提出了遗产背景环境保护的重要性和指导策略,强调有必要采取适当措施应对由于生活方式、农业、发展、旅游或大规模天灾人祸所造成的城市、景观和遗产线路急剧或累积的改变;有必要承认、保护和延续遗产建筑物或遗址及其周边环境的有意义的存在,以减少上述进程对文化遗产的真实性、意义、价值、整体性和多样性所构成的威胁。宣言强调"不同规模的古建筑、古遗址和历史区域（包括城市、陆地和海上自然景观、遗址线路以及考古遗址）,其重要性和独特性在于它们在社会、精神、历史、艺术、审美、自然、科学等层面或其他文化层面存在的价值,也在于它们与物质的、视觉的、精神的以及其他文化层面的背景环境之间所产生的重要联系"。

但遗产区、缓冲区（保护范围、建设控制地带）这种两个层级的完整性保护管理机制在背景环境保护中逐渐显露出不足。以颐和园为例,其建设控制地带或者说缓冲区已经划定得足够大，但天气晴朗的时候站在万寿山南望，仍然能够看到部分不和谐的建筑露出在天际线上，包括中央电视台的信号塔、中关村地区部分办公楼等，而这些建筑物并不在缓冲区之内，却影响了遗产周边景观风貌。因此，目前遗产明确而有限的保护区划边界逐渐把遗产变为"孤岛""盆景"，其保护区划无法覆盖周边更大范围的文化景观、历史街区、历史建筑等物质背景和精神、传统、宗教信仰、文化活动、非物质遗产等文化背景，有必要在两级管理机制之外增加背景环境（Setting）的保护管理作为第三层级的完整性保护措施。而我们已经习惯于边界明确、审批程序明确的管理机制，这种新的三级管理体制对保护管理工作提出了很大的挑战。①（图 4-24）

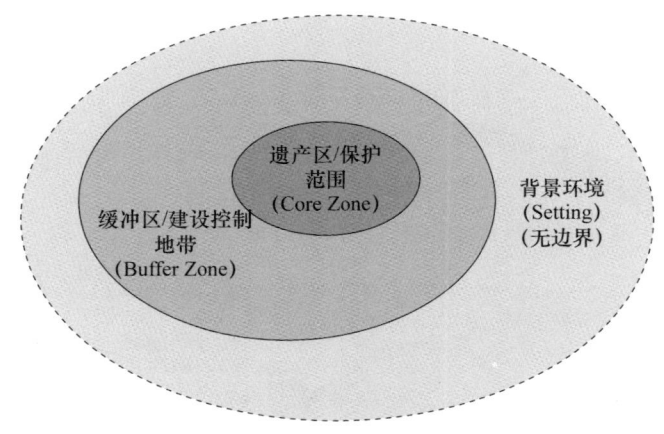

▲图 4-24 遗产保护的三重图

---

① 刘保山. 世界文化遗产视角下的"三个文化带"意义、价值界定及其管理工作的思考 [J]. 北京文博文丛，2017（2）：16-20.

良性循环之圈

一个完整有效的遗产管理体制，通常能够形成良性循环，主要的环节包括：（图 4-25、图 4-26）

第一，评估遗产价值。

第二，确定保护要素。

第三，完善法规、规划和管理计划。

第四，投入资源实施保护。

第五，定期监测评估。

第六，回顾产出成效与漏洞。

第七，修订以往的工作。

▲图 4-25 良性循环的遗产管理体系

当前，关于真实性原则和"原状"界定尚未形成普遍的共识。在保护工作中，当下我们至少有两件事值得努力去做：

第一是记录脚印，重视科研工作，加大前期研究投入力度。每一处遗产或者说文物都应该被当作小型信息

▲图 4-26　邀请专家对遗址保护效果进行复核评估

档案库去谨慎对待，除必需的抢险性救急措施，每一次采取修缮措施之前都应当对该处文物的来龙去脉、价值评估、信息真实性、信息量等情况进行仔细的甄别和研究，以此为基础开展保护工作。这种基于信息管理的方法，非常有利于保存价值的真实性，进而促进文化遗产的科学可持续保护。

第二是经常复盘，出具的保护措施应该注意尽可能是可逆的。最低限度的干预措施反而有利于长期的保护，避免一次性想把问题彻底解决的冲动，能抢险就抢险，能小修就小修，必须修的尽量具有可逆性。应逐渐形成这样一个重复的循环：研究—评估—规划—投入—实施—监测—总结—反思—改进—再研究—再评估—再规划—再投入—再实施—再监测—再总结—再反思—再改进，循环往复，逐步发展为良性循环。这样做的益处在于，即便在保护工作中难免犯了错误，由于认真地识别和保存了信息，这种错误的影响也较为轻微，有机会改进，后续的保护管理工作更加容易去纠正，也就是让

保护措施尽量具备可逆性。

　　国内实践中较少关注这种良性循环的理念。大规模推进的修缮工程（必需的抢险项目除外），约90%的经费用于工程实施，10%以内的经费用于勘察、测绘、记录、研究、评估、设计工作，导致修缮工程或其他重要的保护措施前期科研支撑不足。以一处明代寺庙修缮工程的细节为例，该寺庙的石雕比较精美，游客称之为"石雕艺术的殿堂"，由于部分拱券石雕的丢失影响文物安全，需要组织抢修恢复工作。修缮工程开始后的检查中发现，工人在补配构件上所雕刻的图案与被盗前的照片并不一致，只好临时做出更正，重新制作构件，显示出前期研究的缺乏。而且这样的案例中如果前期研究探讨更充分一些，还有另外的设计思路可以被考虑，比如补配的拱券石构件不再雕刻，仅标注"某年某月拱券被盗，某年某月补配"，维护文物遗产的真实性，也让偷盗者无地自容。

　　当前，部分文物保护工程实施前缺乏研究评估，实施后缺乏监测跟进。有必要引导参与各方了解到工程的目的其实是增强价值，充分意识到形成可持续发展良性循环的重要性，避免为了工程而工程，加强对工程缺陷的评估、改进。考核标准应该落实到现场修缮工人，确保他们了解文物古迹保护准则和基本理念，理解工程的目的是延续遗产价值，维护其真实性和完整性。可能会有人反驳：修缮工人为什么需要熟悉保护理念？可是这其实是关键问题所在，坐在办公室里的人不会去砌砖，无法让理念贯彻在具体的实践中。如果能与修缮工人坐下来一起研讨，共同聊聊遗产理念、遗产价值、遗产共识，相信修缮工程细节和效果等很多问题能迎刃而解。2017年我曾经参加ICCROM举办的遗产管理国际培训，地点就设在挪威世界遗产地勒罗斯矿冶小镇上的一处修缮工程基地内，负责修缮的木工师傅详细讲解了如何发现古建筑中木构件的价值、如何尊重遗产的真实性、如何寻找传统天然材料用于配制油漆、如何实施小规模微循环的修缮措施、如何让修缮措施尽量具备可逆性。这位木工师傅的家族在政府的支持鼓励下世代作为匠人，而且他为自己所从事的工作而感到非常自豪，准确地说应该是事业。可见，修缮工程的匠人是能够成为遗产专家的。（图4-27、图4-28）

▲图4-27 挪威修缮工程技术人员非常熟悉遗产理念和工程的目的

急症急治，慢病慢治。在解决了抢险问题的前提下，其他的修缮措施在没有系统研究之前尽量避免盲目实施，长期性问题坚持长期性维护，研究评价后得到明确的监测数据和病害机理后再行处理。实在难以解决的问题，先把数字化记录和监测工作做起

▲图4-28 结合修缮工程向年轻一代传递遗产理念与传统技艺

▲图 4-29　比萨斜塔

▲图 4-30　结合遗址保护设施同步增加展示阐释系统

▼图 4-31　遗产信息与价值的传递

来，把档案、病害信息和数据留存好，信息留存好了，遗产的重要价值载体就在。

想想比萨斜塔，是不是要着急扶正呢？一万年太久，不必只争朝夕。（图 4-29）

既然遗产保护的目的是永续利用，留给子孙后代 1 千年、1 万年，那么无论在日常管理、监测过程中，还是具体的文物保护项目实施进程中，保存、传递和阐释遗产价值都需要时时刻刻予以考量，将科学有序的保护措施置于整个保护管理循环体系中去考虑，形成遗产传承的良性循环之圈。（图 4-30、图 4-31）

第五章

遗产监测：监测的其实是价值

我们知道自己现在是什么，可是不知道自己将来会变成什么。

——《哈姆雷特》

巴黎大火

法国当地时间 2019 年 4 月 15 日（北京时间 4 月 16 日凌晨），有 800 多年历史的法国巴黎圣母院突发大火。由于火势凶猛，大火蔓延至巴黎圣母院内部，巴黎圣母院的屋顶及塔尖坍塌焚毁，引发了全世界的关注，连美国总统特朗普都出谋划策，建议要及时投放水弹灭火。维基百科和百度百科随即更新了巴黎圣母院的基本信息：巴黎圣母院于 2019 年 4 月 15 日部分焚毁。

所幸，得益于消防人员的冷静处置，虽然巴黎圣母院的屋顶木构烧毁，但主体 70% 得到挽救，镇堂之宝——耶稣戴过的荆棘冠以及所有的圣物、宝藏、古籍善本都得以抢救转移，并被完好保存。当时尖塔正好处在修缮过程中，塔尖上的 16 座雕像四天前已被拆下送去修整，所以它们都幸免于难；教堂的整体结构依然还在，并非如传说的那样全被烧毁了；圣母院的所有"宝藏"（圣物）安然无恙；法国对巴黎圣母院事先进行了详细的三维激光扫描和全景拍摄记录，保留了完整的数字化遗产档案，为灾后进行修复提供了详细的数据。除一名消防员受伤以外，亦无重大人员伤亡。

文化遗产领域无法预测的"黑天鹅事件"，就这样突然发生了。虽然对遗产损伤给予了最大程度的避免，此次火灾对巴黎圣母院遗产价值的影响仍然有待评估，专业人士和社会公众不约而同地更加关注遗产的监测管理和风险预防工作。（图 5-1、图 5-2）

▼ 图 5-1　火灾前的巴黎圣母院

▼ 图 5-2　火灾前巴黎圣母院内部

定期监测与反应性监测

遗产监测首先是由联合国教科文组织世界遗产中心发布操作指南提出的要求，是遗产申报和管理工作中非常重要的一项内容和强制性要求，主要包括定期监测和反应性监测。这些监测措施是遗产监测之眼，就像照看婴儿那样，定期和不定期关注着遗产保存状况、健康状态、影响因素，特别是真实性和完整性情况、突出普遍价值（OUV）传承延续情况等，监测的其实是遗产价值的发展状态。

定期监测，是每个缔约国、遗产地管理机构应承担的责任。操作指南 2017 版第 96 条要求，世界遗产的保护与管理须确保其在列入《世界遗产名录》时所具有的突出普遍价值以及完整性、真实性在之后得到保持或加强。为此，须按照操作指南中规定的，在世界遗产监测的总体框架下，定期对列入的遗产及其突出普遍价值的保护状况进行审查。定期监测的主要目的是评估缔约国对《世界遗产公约》的执行情况，评估《世界遗产名录》内遗产的突出普遍价值是否得到长期的保持，提供世界遗产的相关更新信息，记录遗产所处环境和保护状况的变化，就《世界遗产公约》实施及世界遗产保护事宜，为缔约国提供一种区域间合作以及信息分享、经验交流的机制。

目前，世界遗产委员会已经多次组织系统的评估回顾工作[1]，监测各遗产地的保护管理状况。中国也建立了国家、省、

---

[1] 2000—2006 年实施第一轮定期报告，2008—2015 年实施第二轮定期报告，目前正在开展第三轮定期报告。

遗产地的三级监测体系，在中国文化遗产研究院成立了专门的世界遗产监测中心，组织各地区、各遗产地开展监测工作，要求各地每年定期报送年度监测报告。按照价值核心原则、属地管理原则、预防性保护原则、统筹优化原则，中国世界文化遗产监测预警体系包括：以运行机制和管理程序为主要内容的制度规范系统建设；以专业研究能力和综合管理能力为主要内容的人力资源系统建设；以规范有效的信息记录、分析、传输、响应过程为主要内容的工程技术系统建设。[①]

反应性监测，是指由秘书处、联合国教科文组织其他部门和咨询机构向委员会递交的有关具体濒危世界遗产保护状况的报告。为此，每当出现异常情况或开展可能影响遗产的突出普遍价值及其保护状况的活动时，缔约国须向委员会递交具体报告和影响调查。例如，在受保护地区（通常包括遗产区、缓冲区）开展或批准开展有可能影响遗产突出普遍价值的大规模修复或建设工程，世界遗产委员会将促请缔约国通过秘书处向委员会报告。缔约国必须尽快且在做出难以逆转的决定之前发布通告，开展遗产影响评估，以便委员会及时帮助寻找合适的解决办法，保证遗产的突出普遍价值得以维护。

反应性监测是一种不定期监测评估工作，采取"一问一答"的形式，针对遗产地保护管理的威胁因素，包括不适当的保护修缮工程、周边缓冲区内建设可能产生较大影响的建设项

[①] 参见赵云，许礼林. 中国世界文化遗产监测 [M]. 北京：中国建筑工业出版社，2017：7-9.

目等，提出询问和关切。典型的案例是故宫等修缮工程的反应性监测。进入 21 世纪，为进一步加强世界遗产的保护工作，管理单位组织对故宫三大殿、天坛祈年殿、颐和园长廊等古建筑群落开展了大规模的修缮工程。尽管修缮之前进行了严格的方案论证，实施过程中对原有构件尽最大努力予以保护，比如故宫屋面的琉璃瓦件，没有损坏的均予以保留使用，送回琉璃烧造厂进行复釉，再重新安装回屋面，这些修缮工程依然受到了世界遗产委员会的关注。由于工程中部分外檐彩画被重新修复，重现了金碧辉煌的建筑风貌，世界遗产委员会和世界遗产大会要求对故宫、天坛、颐和园等修缮工程进行反应性监测，评估大规模修缮工程对遗产价值的影响，尤其是对建筑彩画的不良影响。其后，中国及时组织对三个遗产地的修缮工程尤其是彩画工程进行了评估。（图 5-3~图 5-6）

2007 年至 2008 年连续两年在北京召开了彩画保护方面的国际研讨会，专门讨论东亚地区木结构建筑彩画的保护理念与方法。经过反复讨论磋商后，形成了 2007 年的《北京文件》和 2008 年的《关于东亚地区彩画保护的北京备忘录》，成为东亚地区木结构建筑彩画保护进行比较研究和追求共同目标的第一批文件。相关文件对中国木结构建筑彩画保护的原则、修缮方法、研究与诠释、专业资质及培训、传统技艺的传承及国际合作等问题进行了阐述。文件提出，对木结构建筑彩画的价值评估是实施保护的基础，保护或修缮措施的选择均需建立在科学评估、分析研究的基础之上。

▲ 图 5-3　故宫三大殿大修工程现场

▲ 图 5-4　拆卸的琉璃建筑构件

▲ 图 5-5　处理原有彩画地仗（传统工艺称为"砍净挠白"）

▲ 图 5-6　重绘彩画

这次监测评估事件，进一步促进了东西方文化传统、价值观，尤其是文物保护理念和实践的交流、理解和相互尊重，同时也给中国的文物保护工程敲了一次警钟。此后，相关工程中更加重视关于价值评估方法的应用。近几年，故宫等遗产地已经停止了大规模的修缮工程，进入循序渐进、研究式的保护工程阶段。（图 5-7、图 5-8）

第五章 遗产监测：监测的其实是价值 **157**

▲图 5-7 彩画保护国际研讨会期间专家实地考察故宫修缮工程

▼图 5-8 专家实地考察颐和园长廊彩画保护工程效果

搞工程易，搞管理难

故宫、天坛、颐和园属于世界遗产，如此高标准的世界遗产修缮工程尚且需要反应性监测，其他普通级别的文物古迹修缮工程效果也同样需要关注。有一年我们组织对文物保护单位进行调研，其中走访了一批修缮过的文物，想了解一下修缮效果如何。偶尔会与文物保护单位周边社区居民特别是老人们聊聊天，他们经常会聊到同一件事情，就是对文物变化的感慨。比如，"原来彩画是麒麟的，现在不是原来那样了"云云。

这件事有一个背景，随着国力增强，从 2000 年开始文物部门加大了文物保护力度，陆续设立了专项的修缮经费，推动一系列大型文物保护修缮工程。目前中央财政每年投入的修缮专项经费超过百亿元，北京地区安排的专项经费也会超过 10 亿元，致力于解决文物保护的历史欠账和安全问题。普遍安装了文物消防、避雷设施，文物安全问题和日常防护问题陆续得以解决、改善。按理说投入越多，文物保护的难题越来越少才对，但情况往往并不这么简单。实际工作中，随着大量修缮工程的实施，部分文物建筑的落架大修、木构件更换、彩画重绘等，难免会导致具有价值的文物历史信息受到损失，原本各有韵味的文物建筑在大修之后风貌容易趋于雷同，历史信息和传统技艺的传承可能受到影响。（图 5-9）

更多经费投入是好事，解决了很多历史欠账。但快速进行的保护工程在修缮理念、修缮手法和其他一些相关基层实践方面的总结和改进需要及时跟进。我们有相对成熟的质量监督体系，这些体系多基于新建工程管理衍生而

▲图5-9　常见的传统建筑修缮外观效果

来，更加关注木材含水率、砖瓦灰石质量、工艺流程等方面的质量把控，而工程对文物价值是增强还是削弱的评判并不在现有的质量监督体系之中。文物建筑周边的社区居民自发提到这些价值研判的问题，表达了对"文物失去味道"的遗憾，实际上也是对文物价值的损伤。这些文物不仅承载了国家记忆、传统文化，也承载了周边居民儿时的记忆，而这些都是文物价值的必要构成要素，利益相关者和周边社区人员的情感也应该在今后的保护工程中予以考量。

《中国准则》第4条将真实性定义为："文物古迹本身的材料、工艺、设计及其环境和它所反映的历史、文化、社会等相关信息的真实性。对文物古迹的保护就是保护这些信息及其来源的真实性。与文物古迹相关的文化传统的延续同样也是对真实性的保护。"因此，保护工程中应当按照上述定义妥善保护文物古迹的真实性及其承载的信息。

显而易见,与推动文物保护工作相比,要想真正把文物保护好、管理好,形成高水平的监测管理体系要困难很多;需要有遗产监测评估机制的介入,需要有价值标准这把衡量尺子的参与。数量众多的木结构建筑是建筑遗产保护的重要内容,干预措施要更细致谨慎一些,即使是最容易损伤的木构件也应尽量避免更换,想尽办法对原有构件予以修缮、保留利用,迫不得已的油饰重刷应采用最传统的天然矿料配制,甚至连钉子都应避免现代化工业流水线产品,由专门的铁匠铺手工制作,尽量维持、展示建筑的真实历史信息,也有利于传统工艺的传承。而且,认真的干预措施细节、良好的管理状况,能令人感受到管理者对遗产的尊重、对遗产价值的珍视。(图 5-10~图 5-13)

▲图 5-10 澳大利亚袋鼠岛一处灯塔　　▲图 5-11 灯塔展览中展示的历史照片

遗产监测的三个误区

1. 误区之一：贵族化倾向

误以为遗产监测只适用于世界遗产。"故宫"们作为世界文化遗产，其修缮工程出现争议时有反应性监测机制，其他的文物呢？不仅仅是世界文化遗产这类"贵族"，其实任何文物遗产都需要相应的监测机制，良好适用的监测机制意味着更高水平的保护管理。遗产监测通常涉及管理体系的很多方面，主要分为管理体系运行的整体效果和管理体系的具体管理成果两个方面，这适用于所有遗产级别和类型。前者主要关注规划、计划的编制执行情况，管理机构、责任分配、工作流程是否运行良好，整体的管理效果如何，是否能够定期评估并修正管理漏洞。后者主要关注遗产的保护状况如何，

▲ 图 5-12　岛灯塔内部设置了微型展览

▲ 图 5-13　第一批发现岛屿居民的定居点遗迹被妥善保护展示

遗产的价值载体、构成要素是否得到了有效保护，真实性和完整性是否有变化，比如病害损害、灾害损伤、景观破坏、荒芜废弃、过度开发等。

2. 误区之二：工程冲动

误以为好的保护管理就是多投入、多多益善的工程。诚然，好的管理需要必要的保护工程、安防工程，排除安全隐患，这是保护管理工作的基础。快速实施的保护工程并非完美，难免干预过多。经费缺乏的时候这方面影响还不明显，因为会优先挑少量的抢险内容实施，比如先解决屋面漏雨，或以墩接加固等方法继续沿用原有木构件，干预措施能够控制在合理可逆程度内。修缮经费越来越多时就需要多加注意，防范过度干预，避免工程中构件置换普遍化问题，壁画等重要部位应事先开展数字化采集避免因不当修缮受损。及时坐下来讨论、及时健全"修前—修后档案"、及时进行保护状况监测，将有效避免文物价值在工程中受损。最近几年国内推动了一系列研究式保护和预防性保护工作，文物保护工程的实施水准必将逐步提高。

3. 误区之三：硬件依赖

误以为监测就是监控，过度依靠文物安全防护设施，比如安装摄像头、建立监控中心，或者简单地收集数据。监测需要技术，但不仅仅是技术，更需要管理制度、管理手段，不能局限于收集原始数据，而应构建一个管理流程，深入洞察遗产的状况或者管理体系的有效性。大部分世界文化遗产都设有文物监控中心，文物安全防范设施可以说是很完善的，但依然发生过丢失文物的事件，一时成为舆论焦点。实际上，完成监测（监控）硬件安装项目，并不意味着真正建立了监测管理体系。制度的完善和人的参与也是重要的监测项目内容，比如长城保护员、长城志愿者、文物保护员的巡线工作，就是一种很好的监测机制。即便什么都没有做、什么都无力去做，起码要重视基础档案工作，坚持做好日常监测记录。（图 5-14 ～图 5-16）

当然，我们既无法避免建筑的突然坍塌，也无法阻挡盗贼的光临，但需要避免管理制度滞后。即便是最先进的人防、

▲ 图 5-14 岌岌可危的长城敌楼

▲ 图 5-15 被忽视的大运河保护界桩

▲ 图 5-16 即将迎接冬奥会的长城敌台

物防措施，也永远无法做到零风险，无法阻止文物突发事件的发生，包括盗抢、火灾、恐怖破坏等。"黑天鹅事件"虽无法避免，但我们至少可以未雨绸缪，做些预防性工作。法国的马克龙总理在巴黎圣母院火灾尚未熄灭的时候就宣布第二天启动巴黎圣母院的重建工作，因为他们已经事先充分记录了巴黎圣母院的所有全景和三维详细数据（尽管未经论证的重建依然会存在理念方面的争议），一切还有机会。

好的监测体系需要充分发挥人的作用，充分对价值予以关注，需要久久为功，把日常监测和预防性保护措施做好，将风险预防措施定期化、制度化、精细化。好的监测体系还应该针对所有级别文物，不应仅仅把监测应用于世界文化遗产。不同的文物（不限于世界文化遗产）可以根据实际情况采取适合的监测策略。初期阶段至少从基础档案整理存储、管理与巡查文件存储、风险与病害记录这三个基本方面入手；如有精力、有财力，第二阶段工作可以考虑进一步开展定期性病害勘察与监测分析、全景与三维等详细数据档案采集；更为高阶的是开展系统的遗产地保存状态与价值传承情况评估、文化环境与周边发展状况影响评估、系统性遗产监测等工作。

遗产监测是为了更好的遗产管理，遗产管理是为了保护遗产的突出普遍价值。需要时刻关注这一点。推荐一个遗产监测与良性循环管理方面非常有用的工具——《世界遗产资源系列手册——世界文化遗产管理》[1]，它对遗产管理能力建

---

[1] 中国古迹遗址保护协会（ICOMOS CHINA，国际古迹遗址理事会中国国家委员会）翻译有中文版，可在其官网下载。

设、管理体制框架、管理规划、整体评估等工作提出了指导性意见。该文件指出，遗产层面的管理目标必须源自对遗产价值的认识。必须在所有可能的利益相关者参与下对文化遗产的价值和保护选择加以评估，确保利益相关者对文化遗产的共识和直接参与。通过各个领域的专业人士为规划流程的不同阶段服务。只有采取跨学科的规划方法，才能确保有效地预见并满足可能出现的需要。在可能的情况下，应当采取系统性的监测方法，雇用拥有恰当专业学科知识的机构或专业人员予以实施。收集数据和测量方法取决于所要观察的工作流程的类型，必须允许对比和重复。数据可以是照片、录像、图纸、访谈、书面报告等多种形式。（图5-17、图5-18）

▲ 图5-17 技术人员在雅典卫城的日常监测记录

▲ 图5-18 躺在荒草丛中的明代万历时期碑刻

预防胜过治疗

说到遗产监测，不可回避的另一个概念就是预防性保护，这是遗产监测必不可少的支撑手段。预防性保护源自馆藏文物的监测保护，针对文物病害开展日常的评估，施加适当的早期干预措施，防范"小病"变"大病"。后来逐渐引入不可移动文物保护领域，特别是荷兰、比利时、英国、中国、日本等国家，在建筑遗产的预防性保护方面进行了多年的研究。近年来，风险监测和预防性保护的重要性得到越来越多人的共识和支持，欧洲、亚洲、美洲很多国家和地区开展了预防性保护实践工作。巴黎圣母院大火进一步印证了文化遗产风险防范和预防性措施的重要性。《中国准则》第 25 条提出，监测是认识文物古迹褪变过程、及时发现文物古迹安全隐患的基本方法。对于无法通过保养维护消除的隐患，应实行连续监测，记录、整理、分析监测数据，作为采取进一步保护措施的依据。（图 5-19）

国务院和国家文物局近几年多次强调文物监测和预防性保护的重要性。《国务院关于进一步加强文物工作的指导意见》（国发〔2016〕17 号）和《国务院办公厅关于进一步加强文物安全工作的实施意见》（国办发〔2017〕81 号）均明确要求健全国家文物登录制度，建立国家文物资源总目录和数据资源库。加强革命文物、大遗址、水下文物和珍贵濒危、材质脆弱馆藏珍贵文物抢救保护。加强文物日常养护巡查和监测保护，提高管理水平，注重与周边环境相协调，重视岁修，减少大修，防止因维修不当造成破坏。注重日常养护巡查，加强科技支撑。要实施文物平安工程，健全文物安全防护标准，推广应用文物和博物馆单位安防、消防先进技术和装备，建全多元化的文物安全防护设施投入渠道。逐步建立覆盖全国重点文物保护单位和世界文化遗产地的监控系统，实现远程监管、消防物联网监控和文物安全监管人员智能巡检，建设与完善文物安全监管平台。充分运用云计算、大数据、"互联网+"等现代信息技术，推动文物安全保护与现代科技融合创新。（图 5-20~ 图 5-22）

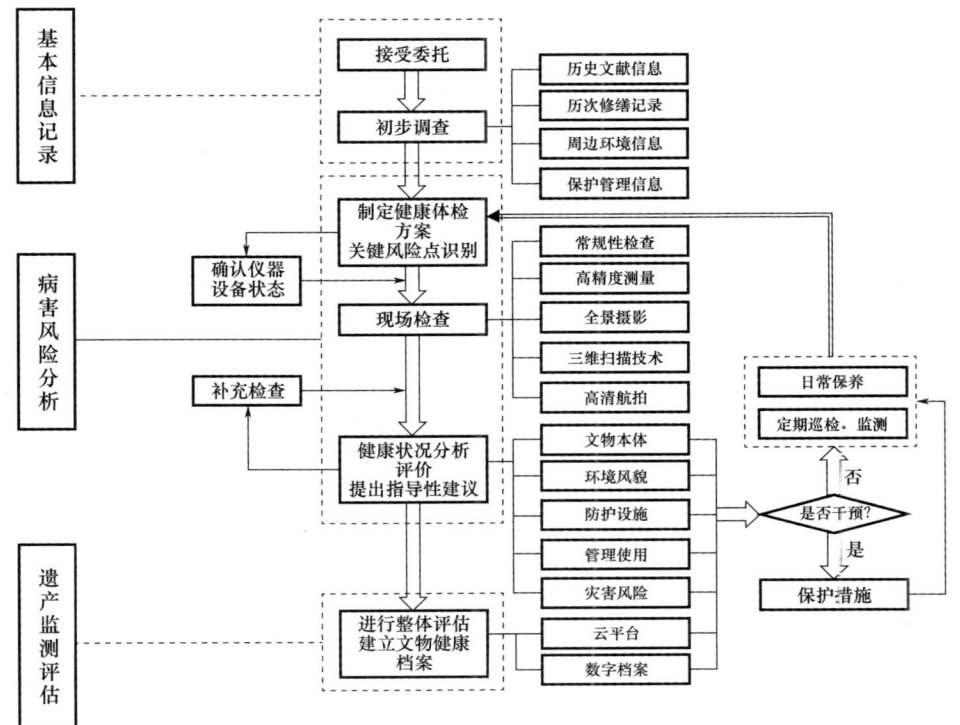

▲ 图 5-19 文物健康状况与风险病害分析记录流程

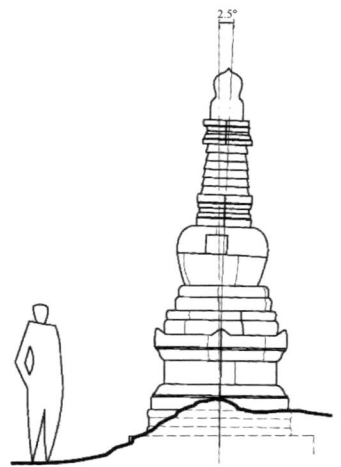 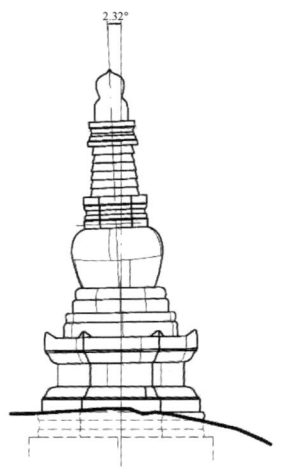

圆塔现状西立面图 1∶25　　　　圆塔现状南立面图 1∶25

▲ 图 5-20　石塔三维激光扫描测绘分析其歪斜角度

▲ 图 5-21　对文物进行激光扫描测绘记录病害状态

▲ 图 5-22　定期、精细地记录病害变化

国务院办公厅《关于加强文物保护利用改革的若干意见》（2018年）进一步要求，实现两个转变："支持文物保护由抢救性保护向抢救性与预防性保护并重、由注重文物本体保护向文物本体与周边环境整体保护并重转变。"预防性保护工作是遗产监测非常重要的一个组成部分，从全球各地和国内的实践来看，预防性保护的路径主要包括国家监测（定期监测和反应性监测）、遗产地监测（包括定期报告）、保养照料、健康体检（风险评估）等几个方面。（表5-1）

表5-1 预防性保护的主要路径一览表

实践路径	实施主体	主要任务	主要国家	相关概念
国家监测	行政管理机构	遗产影响评估与风险预警处理	比利时、中国等	Heritage Impact Assessment/Monitoring
遗产地监测	遗产地	遗产监测与风险管理	意大利、中国等	Monitoring
保养照料	专业协会、第三方服务团队	日常保养、维护照料、病害记录	荷兰、比利时、英国、匈牙利等欧洲各国	Monument Watch
健康体检（风险评估）	专业研究机构、公益组织、第三方服务团队等	病害记录与分析诊断，病历档案研究与设立	荷兰、意大利等	Health Check Heritage Diagnosis Risk Management

国家监测方面，比利时在20世纪90年代启动了国家层面的文化遗产安全监测工作（GEPATAR项目），主要方法是动用全球卫星系统，组织专家研究制定全国性遗产监测方面的独特算法，对全国各地的建筑遗产沉降和位移情况进行监

测分析，提前预报风险。中国也在这方面开展了很多尝试和探索，国家文物局组织建立了国家级遗产监测中心。

遗产地监测方面，除联合国教科文组织世界遗产委员会及其咨询机构定期开展的遗产影响评估和反应性监测工作外，各个遗产地也正在逐步建立遗产监测中心。中国部分遗产地如敦煌、故宫、颐和园、周口店北京人遗址等地也建立了监测分中心，建设文物安全防范系统。但这方面的监测工作通常是针对世界遗产地，主要是建立视频和或火灾预警等监控管理中心。

保养照料方面，1973年荷兰首先成立了Monument Watch组织，开启建筑的日常维护工作模式。20世纪90年代后比利时、英国、匈牙利等各国纷纷引入类似模式，建立了类似的遗产保养照料方面的协会，共同开展预防性保护工作（Monument Watch）。主要工作是吸纳各遗产管理单位或物权所有人加入协会，为会员提供培训和遗产地日常巡检和保养照料工作，必要时协会组织专业工作小组或第三方服务公司开展巡检、除尘、防水等日常维护性工作。（图5-23、图5-24）

健康体检（风险评估）方面，主要是参照人的健康体检管理体系，为文化遗产建立基本信息和健康档案。这方面，中国、荷兰和意大利等国开展了很多实践，荷兰、希腊尝试建立文物的"病历档案"，为文物保护和勘察设计、病害治理等提供基础数据和支撑。意大利则针对重点建筑遗产开展了多年的风险评估工作。

中国木结构古建筑保存数量众多，其材质特性决定其需要更加频繁的监测保护机制。由国际古迹遗址理事会（ICOMOS）国际木质遗产科学委员会编制的《木质建成遗产保护准则》[①]，在这方面提供了较为清晰的指导原则。

第一，必须制定一套清晰连贯的定期监测和日常维护的策略，以推迟更大的干预措施的实施日期，并确保对木质建成遗产及其文化价值的持续保护。

第二，监测工作须贯穿任何保护干预过程始终并持续进行，以确保采用方法的有效性以及木构件和其他材料的长期性能。

第三，日常维护和监测数据都应作为建筑历史资料的一部分妥善保存。（图 5-25~ 图 5-27）

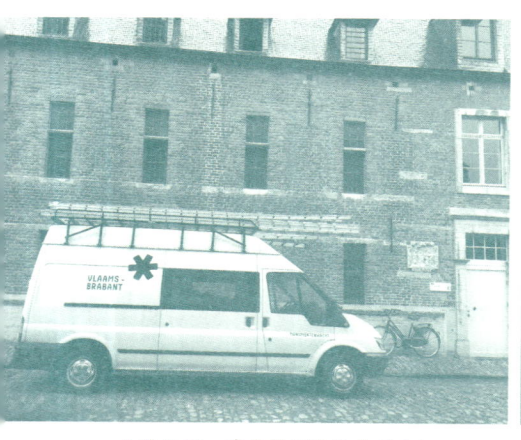

▲ 图 5-23　遗产监测体检专用车辆

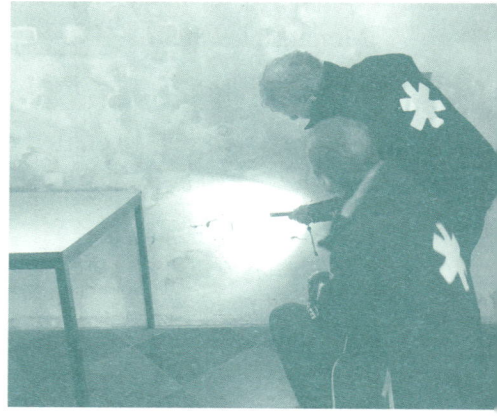

▲ 图 5-24　监测小组正在进行墙体裂缝检查

[①] 可在中国古迹遗址保护协会官方网站下载。

▲ 图 5-25　运用特制装备实施米兰大教堂的保养维修工作

▲ 图 5-26　运用适当的物联网设备辅助预防性保护工作

▲ 图 5-27　定期进行遗产监测记录工作

高耸入云的难题

结合定期监测和预防性保护工作，对遗产本体实施必要的检修、保养，防止屋面漏雨和确保主体结构没有发生明显险情，是监测预防发挥效用的关键性措施之一。这方面欧洲建筑遗产进行了较多的探索，即便是高耸入云的教堂建筑，也能够得到定期的保养照料。庄重高大的教堂往往是欧洲历史城镇的核心景观建筑或地标性建筑，对于文化遗产工作者来说，也是文物建筑、历史建筑日常检查和维护的重点、难点。但其高大的屋顶在没有正式开展修缮过程时，屋顶的检查非常不便，搭设脚手架又费时费力，尤其是那些高耸入云的建筑，是如何进行日常检查和维护的呢？（图 5-28）

▲ 图 5-28　米兰大教堂

1. 暗藏登顶楼梯

教堂高大的屋顶通常由三个主要部分组成：墙体、拱券和屋顶。屋顶采用木结构支撑，表面覆以望板、瓦件，整个屋顶架构在砖石材质构筑的坚固墙体和拱券上部，屋顶与拱券之间是有夹层空间的。因此，巴黎圣母院的大火中可以看到屋顶被焚毁，但建筑主体结构依然保存完好，这种独特的结构功不可没。看似高不可攀的屋顶，其实暗藏登顶楼梯，工作人员可以通过"暗门"，沿着狭窄的楼梯直达屋顶内部的夹层空间。这样就可以随时进去探查屋顶和梁架的现存状况，进行必要的日常维护、检查和除虫操作。任你多高的屋顶，可以说上上下下来去自如。（图 5-29～图 5-32）

2. 夹层内暗藏维修设施

进入教堂屋顶隐藏的夹层空间后，可以完整看到整个屋顶的木结构梁架系统。为了便于维修和日常保养，还会在巨大的拱顶之上搭设"天桥"或者"栈道"，便于工作人员通行，并会配套提供灯光照明系统、电力系统、消防系统以及工作人员检查所需的安全绳挂钩等一应俱全的基础设施。（图 5-33、图 5-34）

3. 直达屋面的天窗

进入屋顶内的夹层空间仅仅能够对木结构梁架系统进行检查维护，到达屋顶顶部和检查屋面瓦件与屋面防水情况依然困难。这时候另一个措施就发挥作用了，在屋顶设计和建造时，还会预留天窗，便于使用梯子穿过屋顶夹层直达天窗和屋面，之后工作人员像蜘蛛侠一样挂上安全绳等装备对瓦面进行维护检查。天窗在需要的时候可以打开通风，这对屋顶内的木结构也是一种保护。有时候会通过夹层空间内单独设置的暗梯

▲ 图 5-29 公元 1300 年的巴黎圣母院屋顶

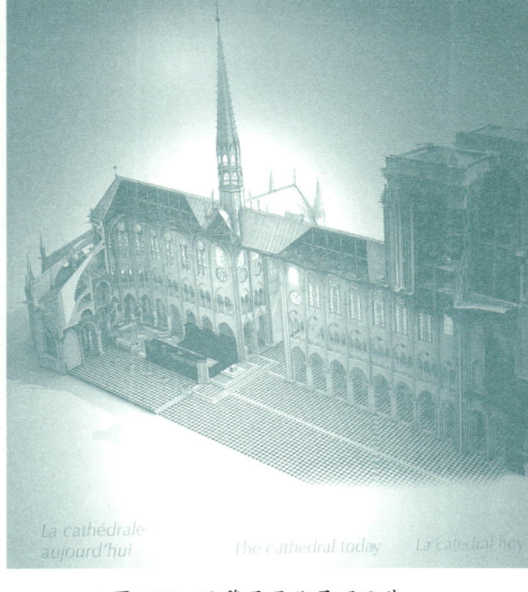

▲ 图 5-30 巴黎圣母院屋顶及其解剖图所见"夹层空间"（历史图）

▲图 5-31 教堂隐蔽的旋转暗梯

▲图 5-32 教堂屋顶夹层空间常见梁架结构

▼图 5-33 屋顶夹层空间内架设的维修"栈道"

▼图 5-34 屋顶内事先预留安全绳等检查设施

到达屋顶的钟塔,也可以对屋面进行检查。(图 5-35)

与欧洲教堂屋顶相似的是,中式高大木结构古建筑的屋顶、屋面日常检查和维护也是非常重要的一项工作,梁架糟朽、虫蛀以及屋面瓦件松动、脱节、长草、漏雨是危害古建筑安全的重要因素。

困难的是,中式高大建筑没有预留日常登顶的设施,进入屋顶梁架内部和屋面之上进行检查和维护往往缺乏合适的方式,即便想达到屋面清除杂草、保养修补瓦件、勘察测绘也无法顺利

▲图 5-35 维修后预留直达屋顶天窗的梯子

实现,高大的特殊古建筑通常只有搭设脚手架之后才能到达屋顶,导致日常检查维护工作无法及时开展。杂草、杂土淤积等"小病"逐渐演变成"大病",危及整个建筑的安全。

有些案例提供了很好的借鉴,结合加固维修工程考虑了日常的检查和维护需求。比如澳门的大三巴,其背后的加固支撑结构,同时也是工作人员检查维护的步道和平台。工作人员进行日常记录和构件清洗的时候,随时可以登上。近几年,

管理人员陆续将二层平台附近的雕塑构件运回室内进行清洗保护（比如清理淤积的鸽子粪便），无须另行搭设脚手架，很是便捷，让人艳羡。（图 5-36、图 5-37）

因此，日常检查保养较为困难的高大古建筑有必要考虑在今后的维修工程中预留登顶通道或边梯类设施，屋顶梁架内部也应适时考虑预留检修"栈道"和 LED 类照明灯，天花板铺设也应考虑预留检修口，方便工作人员进入，及时进行日常检查维护。屋面之上为保养人员提供安全绳挂钩之类的设施，这都应是必要的预留措施，毕竟"蜘蛛侠"也是需要装备的，安全第一。而这些前瞻性举措，需要基于对该文物古迹的全面认识，是核心保护价值和保护要素之所在。（图 5-38）

期待有更多类似贴心的预防性保护措施，将高耸入云变为如履平地。

补位的公众监测

监测过程中，掌握遗产变化和即将发生的变化趋势是关键性的任务。有时候，专业技术人员数量毕竟有限，因此监测工作不仅仅是专业领域的事情，还应该寻求社会的共同参与，让无数双眼睛协助专业技术人员监测数量众多的文物遗产。英国布里斯托城市管理者对建筑遗产的日常监测方法就值得我们借鉴。

▶图 5-36　澳门大三巴

▶图 5-37　大三巴背后的支撑结构兼顾了维修保养通道

▶图 5-38　屋面之上的小病害会导致屋面渗漏大问题（日常维护可以有效缓解）

我们可以先了解一下英国遗产登录分级制度。作为文物保护登记在册的建筑物（或构筑物，Listed Building），在设计上需具有特殊的建筑或历史价值，越是具有稀缺性和年代性的建筑物（或构筑物），越有可能被列入保护名单。历史低于 30 年的建筑物（或构筑物），具有突出的价值并处于危险状态，才可能被登记保护。英国建筑遗产分级为三种：等级Ⅰ、等级Ⅱ*、等级Ⅱ。在英格兰境内，等级Ⅰ、等级Ⅱ*的建筑仅占登记在册名单的 8%，它们必须是十分重要的建筑物并且具有显著的重要性，类似于国内的全国重点文物保护单位、省级文物保护单位。剩余 92% 具有特殊重要性的建筑被列为等级Ⅱ。一个登记注册的项目可以包括数个单体建筑物（或构筑物），例如一个正式住宅的露台或走廊部分可以被注册在一个项目条目下。英国很多历史建筑都是私人所有，监测工作更需要公众的广泛参与和支持。

首先是建立遗产数据库。英格兰国家遗产名录（NHLE）是英格兰唯一官方发布的最新的全部国家指定遗产数据库。它包括：登记在册建筑物、清单内纪念设施、受保护的沉船遗址、注册的公园或花园、注册战场遗址、世界遗产地、认证或豁免方面的管理要求、现存建筑物保护管理公告。

之后开发公众互动的监测管理软件。这款名叫"Heritage Eye"的手机应用，由英国遗产（English Heritage）部门拨款，由布里斯托当地软件公司与布里斯托市政府的城市规划小组和地理信息系统小组联合研发，适用于手机。手机应用中的地图，植入常用的 GPS 导航功能，数字地图上汇聚了布里斯托市范围内所有的登记在册建筑遗产，在界面显示出的数字代表着这一区域内的遗产数量，放大界面，可以看到每一个建筑遗产的等级，点击可浏览每个建筑遗产的具体信息。（图 5-39）

作为一款免费手机应用，用户可以使用它对登记在册的历史建筑进行踏勘，来确认并参与监测历史建筑本体的保存状况。踏勘完毕可以直接通过该应用程序将信息上传至布里斯托的城市规划小组历史环境信息档案中，可以说是无数双眼睛协助政府机构和主管部门共同参与遗产保护状况的日常监测工作。之后，这些信息还会被录入市政府城市规划信息库系统。如果建筑处于需紧急保护的状态，那么这个建筑区域呈现红色并标注感叹号。一旦这些信息被收录进监测软件系统，政府遗产保护办公室的工作人

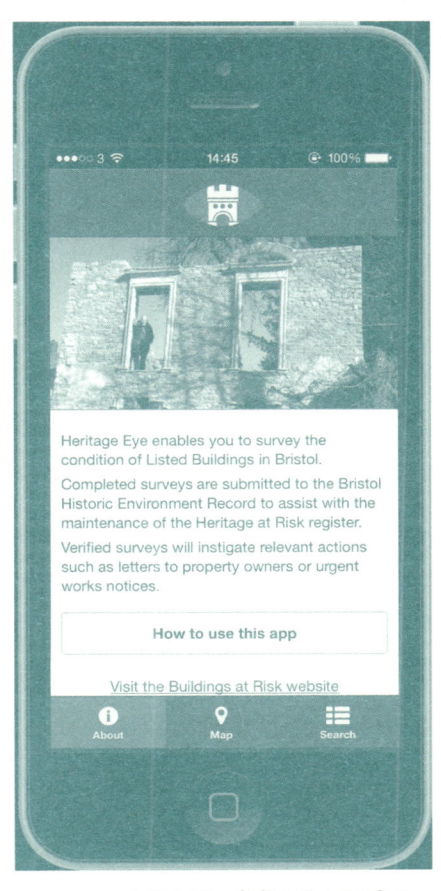

▲ 图 5-39　城市之眼 APP 界面

员就会和建筑所有者进行联系，制定修缮计划或者协商开展建筑遗产的保护修缮事宜。在现代科技手段的帮助下，公众监测与专业管理工作有机地结合在一起，使文化遗产保护更加贴近公众，增强了公众的文化自豪感和认同感，并使遗产的价值得以更好地传播。

第六章

遗产评估：价值的守护、增值与新趋势

为人类的共同未来管理遗产资源——价值、重要性和真实性。

——《关于遗产与民主的德里宣言》

争论 10 载的京张高铁

2019 年年底，新建北京至张家口的高速铁路通车运行，从北京可以通过高铁直达 2022 年冬奥会比赛场馆。鲜为人知的是，这可能是国内新建高速铁路方案讨论时间最长、论证次数最多的线路了。

百年京张铁路为 1905 年由詹天佑主持修建，虽然其至今仍然在发挥客货运输作用，但其列车行驶速度缓慢，运行能力有限，运输功能逐渐消失。百年京张铁路因其缓缓穿行于关沟峡谷之中，春花烂漫之时，煞是迷人，被美誉为"开往春天的列车"。

为进一步提高铁路线路运行水平和运力，解决北京至张家口乃至内蒙古地区城市之间的快速运输问题，原铁道部2008年调整的《铁路"十二五"发展规划》（2011—2015年）及《中长期铁路网规划》等相关规划文件，已将新的高铁工程计划纳入其中。2009年着手研究具体的规划线路和可行性方案研究。2010年，发展改革委、国家文物局等行政主管部门原则同意新建北京至张家口铁路预可行性研究，同时也要求继续结合文物保护、运输组织和运营安全等需要，专题研究八达岭长城站的技术可行性，确定工程建设方案。2013年中国奥委会正式致函国际奥委会申办2022年冬奥会，按照申报计划，场馆将设置在北京和张家口两个城市，将新建北京至张家口铁路工程承担两地赛场的衔接功能，新的高铁建设计划随即加速推进。2015年申办成功后，这条冬奥会高铁的建设任务就更加紧迫了，设定了2019年年底通车运行的目标。（图6-1）

根据线路规划，新建京张高铁计划下穿八达岭长城和水关长城，与100余年前类似，这条线路再一次备受瞩目。联合国教科文组织世界遗产中心获悉中国方面拟实施新建北京至张家口铁路工程，因其与世界文化遗产八达岭长城距离较近，可能会对长城的保护带来潜在威胁，致函中国希望能够核实信息和具体的情况；要求对新建北京至张家口铁路建设项目选址、设计和施工等具体进展情况进行梳理，组织有关

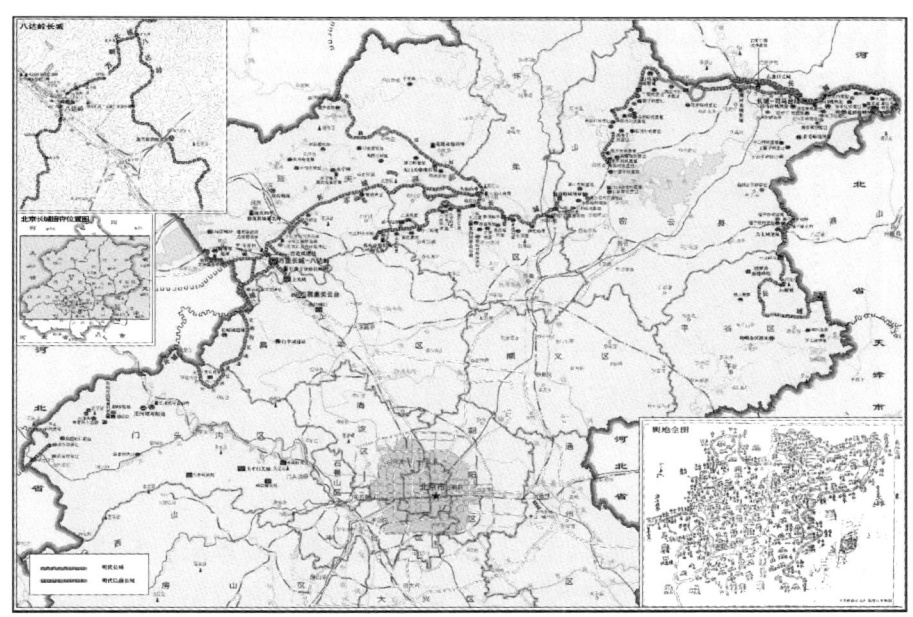

▲ 图 6-1　北京市长城遗存分布图

专业机构评估新的铁路对世界文化遗产长城的突出普遍价值和保护管理状况的影响情况,并重点评估该项目对八达岭长城及其周边环境的影响后报告世界遗产中心。

其实,在联合国教科文组织世界遗产中心致函中国的同时,新建工程方案正在进行反复论证,相关各方均对工程持非常谨慎的态度。讨论聚焦在三个难点问题上。

焦点一,是否需要下穿八达岭长城地区并在该区域设立高铁站,能否考虑经由北京市门头沟等其他区域,彻底避让八达岭长城前往张家口市。第一项讨论对遗产保护和工程方案的影响是非常重大的。

焦点二,如果必须沿着百年京张铁路继续穿越关沟和八达岭长城地区，能否考虑最佳的避让方案，加大隧道、车站等新增工程与长城的距离，甚至是否能够不设站直接通过[①]。

焦点三，如果必须在八达岭长城设站，如何确定最佳选址，设立地面车站还是地下车站，车站出入口地面建筑如何设计，如何最大限度降低景观环境和游客激增等其他潜在影响。

关于新建京张高铁线路是否必须经过京北长城地带的讨论起初很激烈，但由于北京的长城分布在整个北部山区，彻底避开需要绕行很远，但城市总体规划已经为这条新建线路预留条件，绕行方案将涉及整个城市规划的调整，操作难度很大。（图6-2~图6-4）

八达岭地区地形和道路系统非常复杂，高铁部门希望不设站直接通过，这样既节约工程建设经费、减少对长城景观的影响，也符合《长城保护条例》的要求（新建工程确实无法避让而必须经过长城的优先采用下穿方式通过）。按照目前的铁路隧道施工技术，不用像100多年前的京张铁路那样大段裸露出地表实施，而全部采用地下隧道方式通过长城，埋深超过124米[②]，新工程在整个八达岭地区可以做到基本不露出地表。但作为直接的利益相关者，地方政府、遗产管理单位、社区强烈希望能够在八达岭设车站，以便缓解八达岭高速和周边景区的地面交通、停车设施压力，引导公众通过铁路等

[①] 如果能采用不设站的方式，因新建工程将几乎全程以隧道方式穿过关沟所在的燕山山脉，地表将几乎没有新增设施，对长城的景观环境影响相对较小。

[②] 埋深越大，同等条件下施工和运行过程中可能对地表产生的振动和不均匀沉降影响越小。

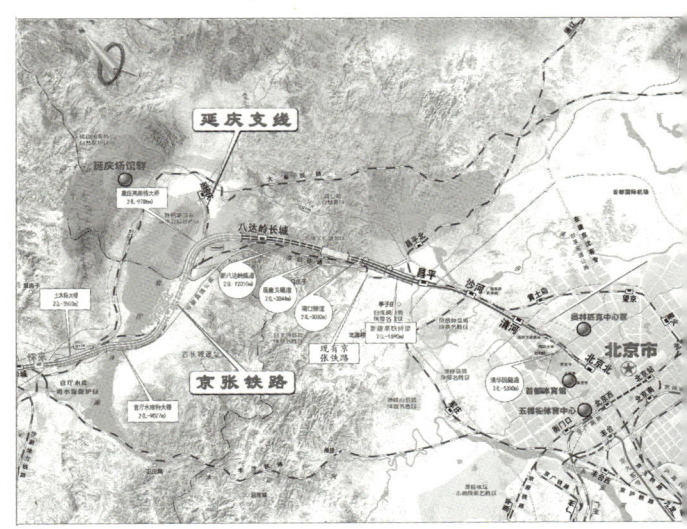

▶图 6-2 新建京张铁路（北京段）线路示意图

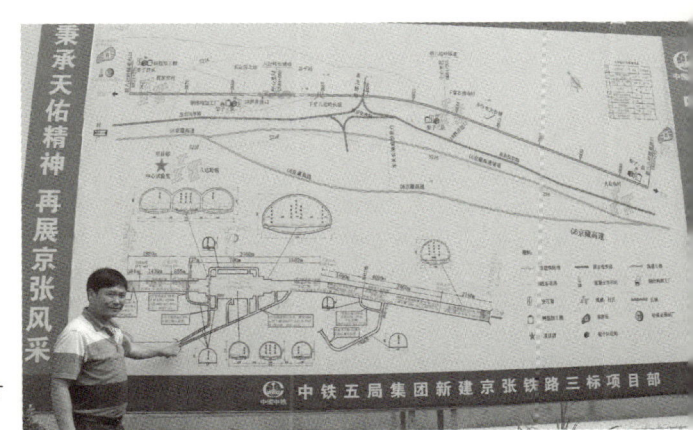

▶图 6-3 与建设单位工程负责人员沟通方案

▶图 6-4 京张高铁八达岭站反复进行的专家论证、考察工作

公共交通前往八达岭长城，长远来看可能会有利于长城及周边环境景观的保护管理。（图6-5、图6-6）

选址过程共讨论了三种位置方案：程家窑选址方案、岔

▲图6-5　八达岭隧道施工现场

▼图6-6　八达岭地下站结构

道城选址方案、滚天沟选址方案。三种方案的讨论比选、交通模拟分析、遗产影响分析、振动影响分析、工程技术分析、专家论证等工作持续了数年时间。(图6-7)

遗产影响评价不局限于工程技术角度。这些焦点讨论都离不开一个核心问题,那就是长城的突出普遍价值。突出普遍价值在该地区的构成要素和保护管理状况如何,新的建设项目对遗产和周边社区影响如何,如何将影响降至最低,如何最有利于八达岭长城的价值强化,为长城开放提供更好的观赏体验,而不是损伤长城遗产的价值。而且,选址和方案优化不仅需要考虑八达岭长城,还需要考虑岔道城、南山路长城(土边长城)、水关长城等众多长城遗产构成,这些都是世界遗产和全国重点文物保护单位的组成部分。

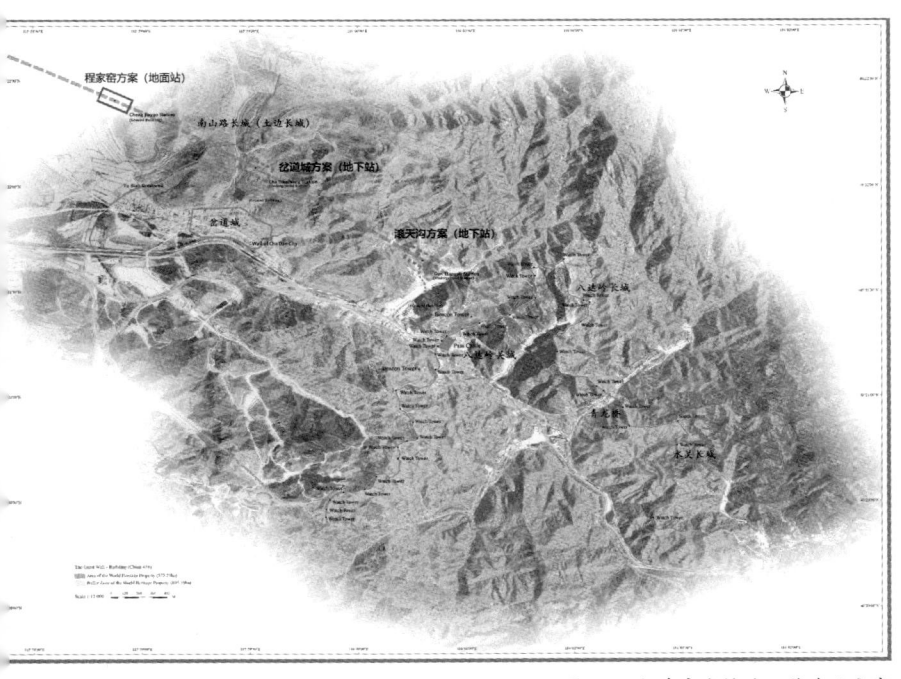

▲ 图6-7 新建京张铁路三种选址方案

由于与全国重点文物保护单位岔道城距离过近，岔道城选址地下站方案首先被放弃。关于程家窑地面站和滚天沟地下站的比选讨论非常激烈。由于地面站巨大的站房建筑体量和复杂的交通接驳、拆迁等问题，程家窑设站将会对土边长城的景观造成很大的影响，程家窑地面站选址方案被放弃。最终，选择了滚天沟地下站选址方案。

设计单位几经努力，对滚天沟选址方案陆续进行了多个方案细节调整，减缓影响程度，毕竟无法从根本上消除建设项目对遗产的影响。

第一，优化新建隧道线位，尽量避让水关长城，减少下穿次数及对长城本体的影响。

第二，优化地下站埋深和出入口设置。

第三，优化滚天沟地面站房建筑的设计方案，降低高度和规模，五年多时间修改了五六个设计版本。

第四，将地面站房的建设与滚天沟的环境改善相结合，利用原有的商业设施进行改造再利用，结合新建项目给滚天沟做"减法"，尽量将站房建设的负面影响调整为增益影响。（图6-8、图6-9）

关于京张高铁八达岭地下站的漫长研究、讨论、影响分析持续了将近10年时间，直到正式通车的前一年才确定。最终选择了兼顾遗产保护和多方利益、较为平衡的方案，八达岭车站以地下站的形式敷设于地下，仅保留出站口、通风口等必要的地面设施于原有的滚天沟停车场内，并将原计划的建筑高度由12米，降至10米，又降至9米，最终降为5.4~9

▲ 图 6-8　滚天沟地面站房拆迁前商业建筑

▼ 图 6-9　拆迁原有商业设施改造为地面站房的效果图

米（以 5.4 米为主，局部 9 米，退台设计），采用了绿化屋顶，最大限度地减少对长城的景观影响。（图 6-10）

2019 年年底，京张高铁开通运行。但长期的监测评估仍有待进行，需要进一步监测分析的问题主要包括：便捷的交通是否会导致游客激增，更密集的游客给本来已经人满为患的八达岭长城增加开放压力，高铁的运行是否会给遗产本体

▲图 6-10　滚天沟地面站房设计方案演变对比图

安全带来长期振动影响，交通体系的大幅度变化是否会对长城周边原有的商业设施、停车体系产生新的影响，是否对长城遗产的突出普遍价值和其他构成要素产生长期的不良影响。

评估以价值为核心

遗产影响评估如此重要，但关于其基本原则、适用情况、评估流程、评价标准等方面的指导性文件依然较少。2011年，国际古迹遗址理事会编制并与世界遗产中心合作发布了《世界文化遗产影响评估指南》（简称《评估指南》），这是指导遗产影响评估实践活动的重要文件之一。中国古迹遗址保护协会（ICOMOS CHINA）组织人员进行了翻译[①]。

中国古迹遗址保护协会在《评估指南》中文翻译版中开宗明义，遗产影响评估绝不是在开发项目确定之后进行，用来证明项目的合理性，而应在立项之初就进行，以便确定项目的可行性，避免投资方不必要的损失。不仅世界文化遗产，各级文物保护单位也需要进行遗产影响评估。在保护范围内和建设控制地带开展的任何活动均应事先经过遗产影响评估，以保证保护单位的价值不受威胁。（图 6-11～图 6-14）

有的影响是长期的、潜在的，需要事先预防。比如，遗产随着知名度的上升，往往面临游客越来越多的难题；游客增多，对交通接驳、商业服务等基础设施的需求就会加大，甚至

▲图 6-11　滑雪场运营场地与长城交织在一起

[①] 参见中国古迹遗址保护协会官网（www.icomoschina.org.cn）资料下载栏目。

◀图 6-12 大运河遗产周边的新增建设项目

◀图 6-13 周边高大建筑对老车站周边天际线的影响

◀图 6-14 遗址周边建设的风力发电设施

会引发商业街、酒店街建设热潮，改善的基础设施、新的开发又会吸引更多游客，这是一个长期的循环链条。由于遗产管理面临着更为广泛、更加复杂的社会问题，越来越多的国家采用了价值导向的遗产保护方式。《评估指南》在这种背景下，介绍了开展世界文化遗产影响评估的意义，评估的程序，必要的信息、资料和准备工作，评估方法，影响的严重程度和量级标准，以及评估报告的体例等。中国世界文化遗产数量多、分布广，大多数遗产地位于城镇周边，面临开发、旅游等各种压力。如何能在保证突出普遍价值（OUV）不受威胁的前提条件下进行开发建设？《评估指南》成为极为有用的工具。其旨在有针对性地解决遗产价值受到损害的挑战，形成遗产影响评估（HIA）的评估手段。（图 6-15）

无论是世界遗产还是各级文物保护单位，突出普遍价值（OUV）都是遗产工作的核心和基础。遗产地因具有 OUV 而列入《世界遗产名录》；因 OUV 受到威胁和破坏而引发反应性监测，严重者被列入《濒危世界遗产名录》，甚至从《世界遗产名录》中除名。按照操作指南的要求，任何可能

▲图 6-15　随着知名度的上升遗产经常面临游客增多的难题

严重影响世界文化遗产 OUV 的活动均应进行遗产影响评估（操作指南第 169、172 段），并将评估报告提交世界遗产委员会审议。

需要注意的是，除建设工程，不可忽略文物保护工程的影响评价。即便新增的项目或者设施是出于保护遗产的目的，也应该及时评估其有益影响和不良影响，特别是文物保护工程，目前较少考虑遗产影响评估问题，我们已经在很多案例中看到了这种漏洞带来的不良后果。评估实施过程中，通常需要考虑利与弊的平衡，以不影响遗产价值为核心标准。（图 6-16）

此外，还需要关注不同遗产类型之间的影响差别，不能搞"一刀切"。比如 20 世纪遗产、乡土建筑、历史街区、工业遗产等，其改造再利用是其价值延续的有机组成部分，需要与传统古建筑的评价标准有所不同。在明确遗产构成和遗产核心价值要素的基础上，兼顾以合理利用为目标的适度改

▼图 6-16　对历史建筑内部的改造（安藤忠雄设计）

造。有时候需要增加空调、水电等必要的基础设施，或者改变内外部空间状态，甚至增加一定的设备空间、使用空间，以适应新的保护使用需求。（图 6-17~ 图 6-19）

▲图 6-17　工业建筑增加隔层后改造为办公空间

▼图 6-18　工业厂房改造后作为会议场地

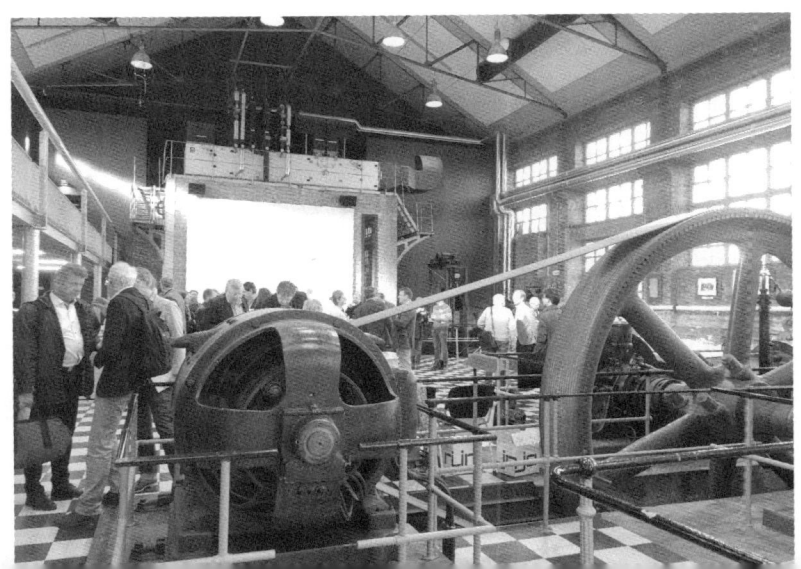

▲ 图 6-19　工业遗产园区的改造再利用

有效的管理工具

　　当然，这里容易陷入的误区是遗产影响评估仅仅是针对重大建设项目而实施的评价工作。这种看法低估了遗产影响评估这个工具的重要作用。

　　实际上，遗产影响评估既是一种遗产研究工具，也应该是管理者的科学管理工具。我们来看看巴哈拉克·塞耶达什拉菲对遗产影响评估的定义和策略，"遗产影响评估是从缓解负面影响和促进有益结果的角度，对一项当前正在实施中或未来拟实施的开发政策或行动对遗产地文化生活、社群习俗和资源可能产生的影响，首先进行认定、预测、评价和表达，其次把发现的事实和结论纳入规划与决策程序的过程"[①]。可

[①] 巴哈拉克·塞耶达什拉菲. 遗产影响评估在世界遗产地保护中的实际作用：科隆大教堂和维也纳城市历史中心 [J]. 世界建筑，2019（11）.

以看到，遗产影响评估是一种有效的工具，以持续的方式对遗产地进行监测和管理。在本书第五章关于遗产监测和预防性保护的讨论中，我们也看到了遗产影响评估工具发挥的作用。因此，遗产影响评估广泛适用于各种遗产的管理过程评估，应成为有效的管理手段和管理体系的重要组成部分。(图6-20)

遗产影响评估作为管理工具，带有多重管理目的，包括减缓潜在威胁、增强遗产价值、促进可持续发展、收集扩大基础数据、更广泛定义"遗产"、在更广泛的背景或文化景观下审视遗产、鼓励公众和媒体关注、培训遗产从业者、平衡利益相关者之间的关系、促使各级政府承担保护责任等。以

▲图6-20 南锣鼓巷等历史街区面临的改造压力

世界遗产第二轮定期报告为例,世界遗产中心和国际咨询机构制定了一个可能影响遗产因素的清单[①],包括以下内容:

第一,建筑和开发。

第二,交通基建。

第三,生活服务设施基建。

第四,污染。

第五,生物资源利用/改造。

第六,物理资源开发。

第七,影响物理结构的状况。

第八,对遗产的社会/文化利用状况。

第九,其他人类活动影响因素。

第十,气候变化与极端天气灾害。

第十一,突发生态或地理事件。

第十二,侵入性外来物种或过度繁殖的物种。

第十三,管理和机构因素。

第十四,其他因素。

此外,遗产影响评估有利于形成一套完整的管理体系,其至少包括战略性影响评估、区域性影响评估、遗产地影响评估三个层面。在城乡发展中遗产影响评估接入得越早,效果越好,比如新建京张高铁工程的案例,工程开工之前再进行评价,很难从根本上改变城市规划从而改变工程的规划选址;如果能在2004年修订城市总体规划过程中主动开展战略

---

① 参见国际古迹遗址理事会《世界文化遗产管理》(中国古迹遗址保护协会组织翻译)第128至131页。

层面的遗产影响评估，提前预判高速铁路对沿途遗产的影响，选择影响更小的线位，建设项目实施前的论证工作要高效得多。（图 6-21）

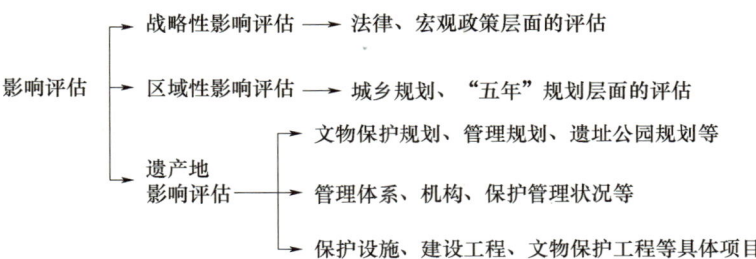

▲ 图 6-21　遗产影响评估分级和应用场景

在评估当前影响的同时，有必要也对其他长期因素和潜在影响进行前瞻性战略评估，将遗产放在广泛背景环境下来考虑，设想其远期影响。应在战略、区域性、遗产地等不同的层面分别执行遗产影响评估程序，并将遗产影响评估划分为多种类型，甚至应包括政策法规层面的遗产影响评估，以便根据"最大的可能和最小的必须"原则，定期化、制度化地应对遗产所面临的威胁和风险。一些战略性的关联主题包括但不限于：

第一，法律法规体系。

第二，治理体系（管理结构、人力资源、经济方面）。

第三，区域性经济社会状况。

第四，城乡规划和城市设计。

第五，文化认同、社会凝聚力、当地人口和社区的变化。

第六，生活方式和知识系统、认知的变化。

第七，遗产与社区的关系。

评估的重点和程序

遗产影响评估起初属于环境影响评估的一部分。环境影响评估常将文化遗产的潜在属性进行分解，如保护建筑、考古遗址、具体景观及其视域等，然后单独评估每一属性可能受到的负面影响，这种做法得出的结论通常令遗产保护工作者难以接受。《评估指南》指出，这种情况是令人失望的，因为原有的环境影响评估缺乏与遗产突出普遍价值属性的直接关系。为此需要将遗产影响评估分离出来，建立更综合的与遗产突出普遍价值的表达直接相关的方法，更加关注遗产价值的保护，通过遗产影响评估发现受影响的风险因素，减少其对价值的直接影响和潜在影响，并提出相应的减缓措施，加强对遗产地的评估。

世界遗产德国德累斯顿河谷新建桥梁是一个非常著名的遗产影响评估案例。德国德累斯顿河谷于 2004 年列入《世界遗产名录》，景观河谷总长 18 公里，保存有 16～20 世纪的宫殿、别墅、花园以及极具价值的自然风光。2007 年年底，当地政府以缓解交通堵塞为由开始在河谷内建造一座大桥，桥长 635 米。抛开其他因素，按照传统的环境影响评估方法，单纯就新建的桥梁对遗产周边的整体环境影响来说，对整体 18 公里河谷的景观影响程度未必很高。世界遗产委员会和国际遗产专家经过认真调研后认为"将会给遗产的价值和完整性带来不可逆转的损害"[1]，该项工程不应该只考虑环境景观

---

[1] 赵云，许礼林.中国世界文化遗产监测[M].北京：中国建筑工业出版社，2017.

方面的影响，工程的实施将对遗产的社会文化环境产生不良影响，遗产的保护工作缺乏社区的有效支持，将很大程度上损伤遗产的核心价值。当地官员坚称该建设项目已经通过全民公决，德国联邦宪法法院也已裁定认可，不会取消建设计划。沟通无果后，导致该项遗产被世界遗产委员会除名。因此，遗产影响评估可能会面临复杂的情况。

虽然遗产影响评估面临复杂多样的情况，正如《评估指南》所说明的，本质上来讲评估程序并不复杂，应仅围绕遗产价值的状态展开工作，至少包括以下主要内容：

第一，处于风险中的遗产要素是什么，为什么如此重要，它对遗产突出普遍价值有何贡献？

第二，对遗产所做的改变或提议的开发项目对遗产的突出普遍价值有何风险因素？

第三，风险类型、等级、影响周期、可接受程度如何？

第四，如何避免、减轻、弥补这些影响？

当然，实际工作中需要根据实际情况考虑多种资源和工具的运用，仔细地收集所有的背景资料和数据至关重要，应完整研究遗产地的特性、价值和价值载体、保护管理规划等，尽量全面、细化。评估数据的全面收集非常重要，因为评估工作通常需要从历史演变的视角考虑对遗产的影响。不掌握遗产发展变化的来龙去脉，就无法界定需要保护的信息和价值是什么，也就无法做出准确、客观的评价。（图6-22、图6-23）

完整的工作流程非常必要，是评估工作有效实施的保障。即便是简单的评价任务，也应该遵循完整的评估流程，从基

2019年云台状况

2019年云台及国计坊状况

▲ 图 6-22　今日之居庸关云台保存环境

1939年云台原貌

1939年云台及国计坊原貌

▲图6-23 沧海桑田之前的居庸关云台（1939年）

础工作开始，开展遗产价值评估，或回顾其过往的价值评估资料，清晰地掌握遗产构成和保存状况，之后再进行风险因素的定义和评价，提出减缓措施。而且在实施过程中需要与利益相关方进行反复协调沟通，有时候需要预先协商委托单位对规划或方案进行及时调整，充分运用遗产影响评估工具作为遗产价值的保护伞。（图 6-24）

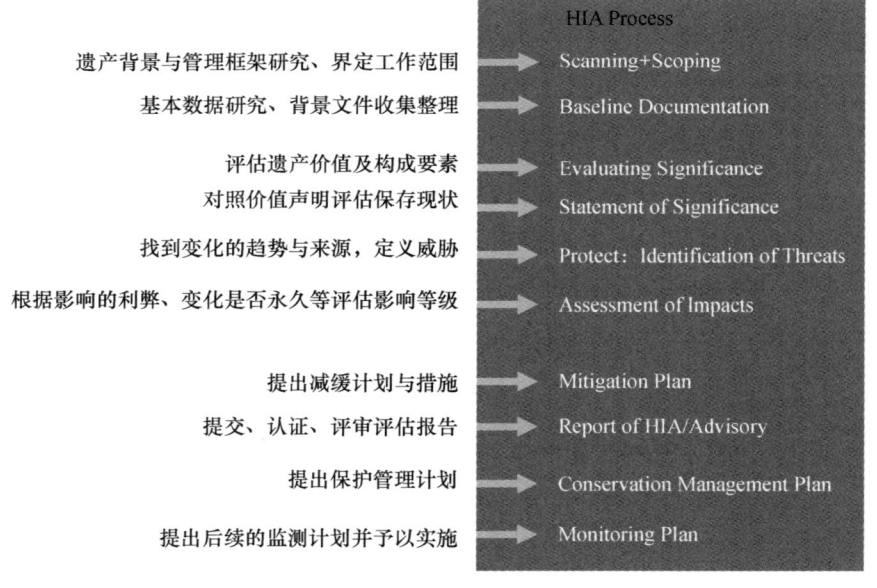

▲图 6-24 遗产影响评估主要流程

感知遗产空间

众所周知，无论是世界遗产的遗产区、缓冲区，还是文物保护单位的保护范围、建设控制地带规划管理工作，都非常重视历史环境的保存与延续，因此景观视线分析、环境风貌分析是文物保护规划、遗产监测、管理状况咨询或者文物影响评估等工作中经常面对的问题之一。针对不同规模、性质的文物本体，针对不同类型的发展压力或者影响因素，如何进行快速有效的景观视线分析呢？这里挑选了部分案例和方法做一个扼要的分享。

1. 一个点：视觉绘图分析方法 / 模型视线分析方法

考虑一个重要点位的视线分析较为容易入手，这种情况下可以选择一个或两三个少量重要的视线分析点开展分析工作，适合在文物建筑院落及临近区域进行视线分析。可以考虑绘制平面图和立、剖面图。平面图着重体现视线分析点位、视线所及方向、文物本体与新增视线影响因素之间的相互位置关系，而立、剖面图则着重体现建筑物的高差、形制、体量感以及模拟人的视线分析角度、视线可见区域（需假设人的正常身高）。（图 6-25、图 6-26）

2. 两个点：高程模拟视线分析法

当重点分析如长城遗产起点或终点与项目最近距离间的景观视线时，可根据遗产所在位置的高程信息，借助谷歌地球（Google Earth）模拟视线的可见程度，判断是否存在山体遮挡与可见状态，再根据通视关系分析项目对主要遗产点的影响程度。图 6-27 的高程模拟视线分析中，实线表示视线的可视范围，虚线则表示视线被遮挡的不可视范围。此方法适用于地形复杂、区域跨度较大的山林地区。

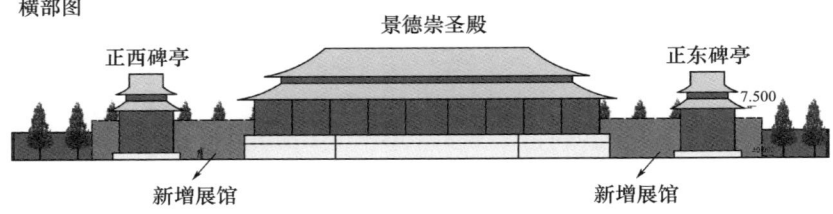

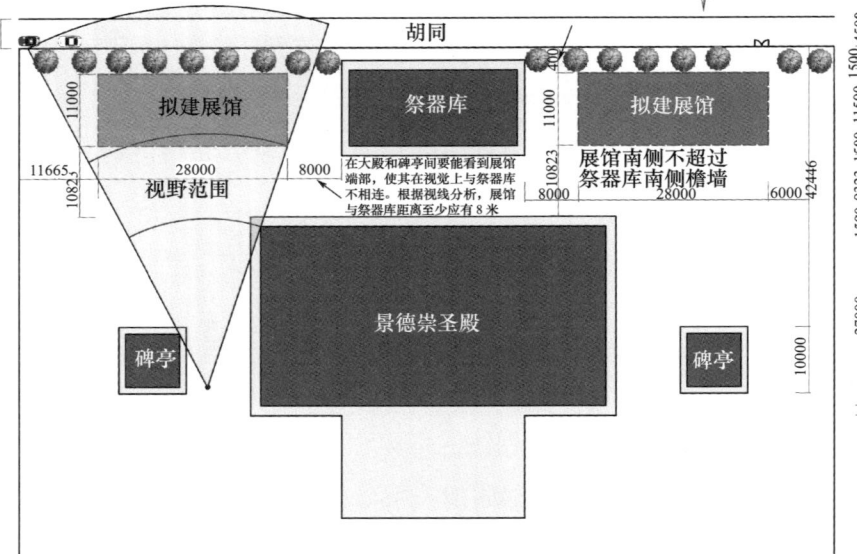

▲ 图 6-25 人的视角单点视线分析图

第六章 遗产评估：价值的守护、增值与新趋势 **213**

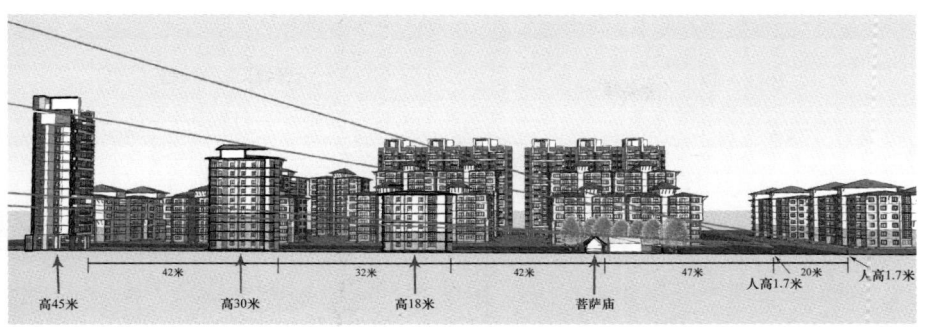

▲图6-26 选择观察点实施的视线影响分析图

▼图6-27 利用地表高程进行两点之间视线模拟分析

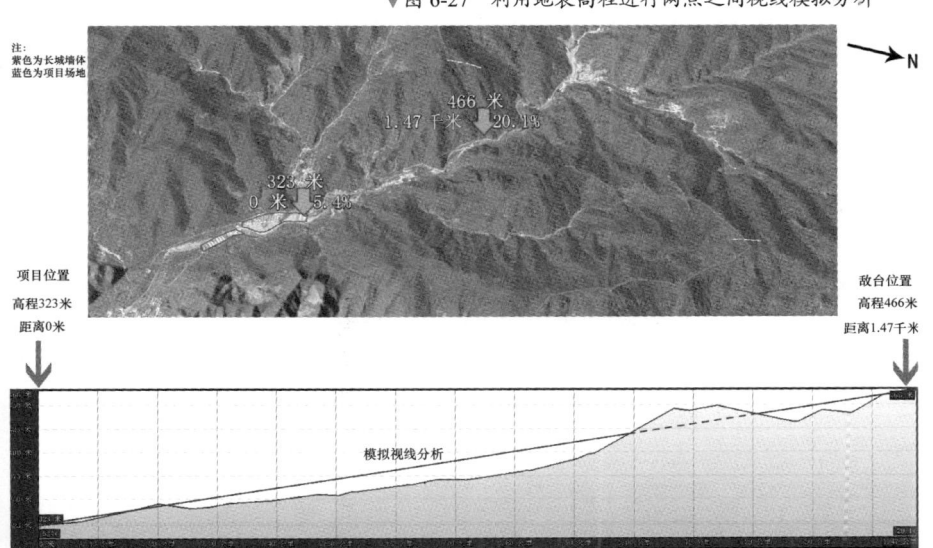

3. 多个点：地块综合分析 + 三角视线分析法

有的时候，一处遗产或者文物保护单位是由多个复杂组成部分构成的，例如东交民巷使馆建筑群，法国使馆、美国使馆、日本使馆、意大利使馆、正金银行等众多旧址集中分布在一片区域内，现存建筑密集，这种情况下分析某个项目或者影响因素对众多文物本体构成和环境的影响就较为复杂。为避免空间建模的工作量过大，可以考虑首先在卫星影像图上调研建筑物分布和高度情况，对重要分析视点进行统计和编号，然后分析地块位置、空间关系、距离关系、高度关系，着重分析地块之间的建筑物遮挡因素和道路、广场等开敞空间，辅以三角视线分析法开展快速的视线分析工作。这种方法适合在城市建成区或古镇、古村内开展区域性评价工作。（图 6-28）

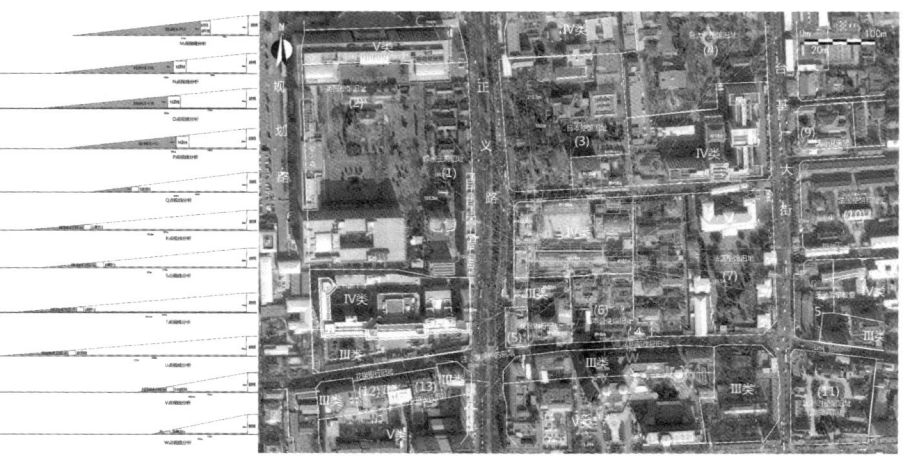

▲ 图 6-28 建筑群或历史街区整体景观影响分析图

4. 一条线：地理信息 + 视域分析法

有的时候需要进行分析的主体对象是线性的，比如长城、大运河等大型线性遗产。这种情况下推荐采用 Arc GIS 等地理信息系统平台分析。例如，新建京张高铁八达岭车站出入口站房（类似于地铁出入口）位于八达岭景区滚天沟停车场内，项目涉及的八达岭长城包括南 1 楼至南 4 楼段，北 1 楼至北 8 楼段，如何去评价新增建筑物对如此大范围线性遗产的视线影响就比较困难。

可采用的方法是将地形图加工处理后导入 Arc GIS 软件，使用视域分析法，模拟建筑物的不同高度以分析其在长城各个点段的可视程度。图 6-29 的这些分析图中，若显示为深灰色，则表明该区段与车站建筑之间存在通视关系，将受到影

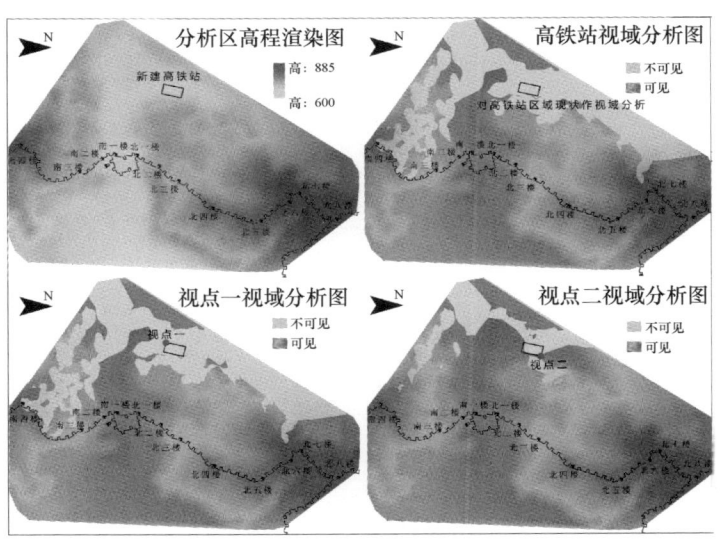

▲图 6-29　运用 GIS 工具实施的视域分析图

响；若显示为浅灰色，则表明该区段与车站建筑之间没有存在通视关系，未受到影响。根据分析结果，评估团队建议设计单位修改了设计方案，降低建筑高度并采用绿化屋顶设计，有效减缓了新增项目的影响程度。

某些高压电网拟跨越长城、大运河等线性文化遗产所在区域，需要对比分析不同的线路如何以最小的影响跨越长城保护范围，可以借助谷歌地图等提供的三维地表模型进行快速有效的景观分析。这种方法适合地形复杂、起伏比较明显的区域。

5. 一大片：空间建模分析法

若是针对古遗址、古墓葬等大面积区域进行规划研究、评估或者景观分析，特别是发展新区、城乡结合部或者郊区的大面积遗址区域，建议辅以SketchUp、超图（SuperMap）等提供的空间建模和视线分析法。以某古城遗址为例，遗址地处城市发展建设区域，面临周边持续的开发建设压力。进行视线分析过程中，以地形图和周边建筑调查数据为基础，采用空间建模分析法辅助进行视线分析。还可以利用小型无人机对项目区域进行航拍，形成全景、正投影、三维空间模型等分析成果，这也是快速进行保护区划划定和周边景观环境与视线分析的实用方法。（图6-30、图6-31）

总之，随着科学技术日新月异的发展，还有更多的技术手段可应用到文物保护规划、遗产监测、遗产管理与文物影响评估等项目的景观视线分析中，这将对文物保护管理工作带来更为客观、全面的技术支撑。不断汲取先进的科技手段并将之合理应用,有助于确保遗产历史环境的记录、保存与延续,对遗产价值及其历史信息的永续传承起到保障与促进的重要作用。

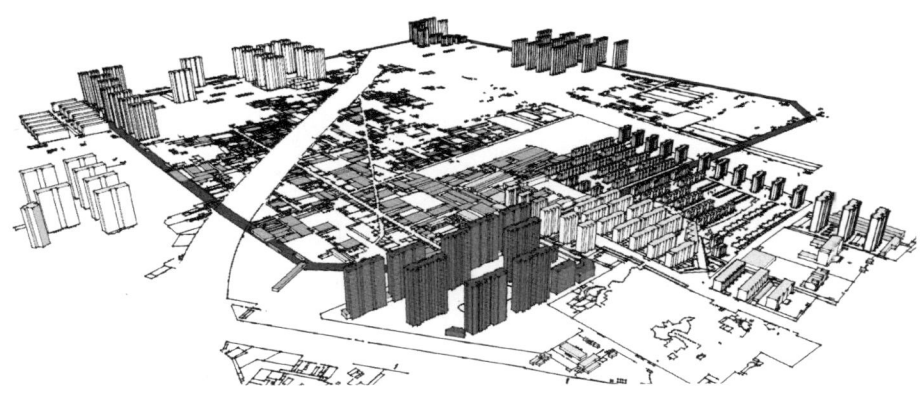

▲ 图 6-30　模拟某小区项目与古城遗址及周边建筑空间关系模型图

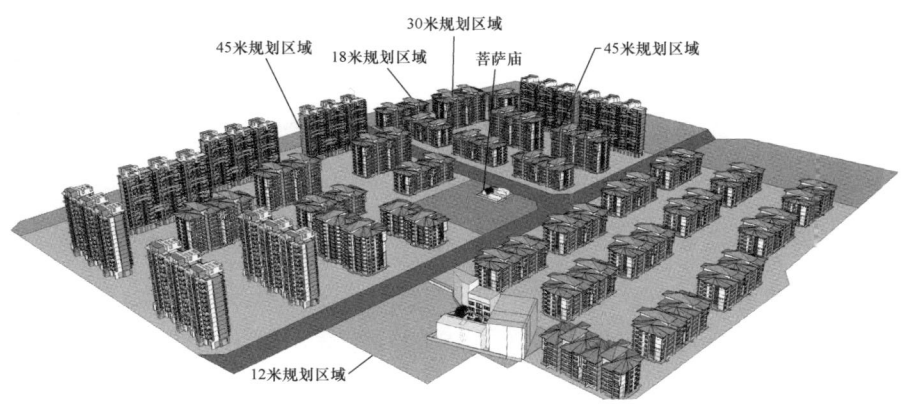

▲ 图 6-31　模拟某地块开发对文物古迹的空间影响

拥抱遗产管理泛化趋势

近年来遗产影响评估还面临着一个新的难题,那就是遗产管理泛化趋势,除了遗产核心区、缓冲区的保护管理,同时注重遗产背景环境的保护,将更广泛的区域和框架乃至超越物理边界的社会范畴纳入遗产影响评估的体系。过往的遗产影响评估多聚焦于遗产核心区、缓冲区(保护范围、建设控制地带),管理的物理边界明确。此外,自然遗产与文化遗产融合管理趋势提出了新的管理要求,国际古迹遗址理事会(ICOMOS)发布的《德里宣言》(*Delhi Declaration on Heritage and Democracy*)印证了这一点。如何适应遗产管理泛化趋势,如何通过遗产影响评估方法开展区域性评估从而加强背景环境保护,如何促使遗产的自然环境、人文环境、社会环境协调统一,将是今后遗产评估新的难题之一。

2018年11月2日至7日,我有幸参与了中国古迹遗址保护协会(ICOMOS CHINA)联合法国大使馆推动的法国世界遗产培训。该项国际培训由法国世界遗产协会、法国国际文化中心协会、国际古迹遗址理事会法国国家委员会等精心组织,让来自中国的遗产从业者、规划研究人员等了解法国的遗产管理理念、框架,特别是卢瓦尔河谷等世界遗产的保护管理实践经验。作为现代遗产保护理念的发源地之一,法国在世界文化遗产领域拥有完善的法律体系、丰富的管理网络、深厚的文化土壤、广泛的民众支持,其遗产管理思考和实践也一直在持续进行。此次培训的主题聚焦于比较前沿的探讨，包括遗产可持续管理、遗产传播媒介、遗产增值等内容，法国众多遗产专家、市政官员、遗产地负责人等提供了大量的实践经验和信息分享。

培训过程中还有大量的研讨交流和图尔市及周边卢瓦尔河谷地区实地考察。卢瓦尔河谷于2000年列入世界遗产，符合标准Ⅰ、Ⅱ、Ⅳ，总长度280公里，遗产区8.6021万公顷、缓冲区21.3481万公顷，包括河道、两岸历史城镇、城堡以及森林公园等，是文化景观的杰出范例。此外，卢瓦尔河谷还是法国著名的葡萄酒产区，如香槟和勃艮第葡萄酒产区，是农业景观、文化景观、历史城区景观结合的范例。遗产协会专家、冯特弗劳市市长，以及"卢瓦尔使命"遗产管理机构负责人、布卢瓦市艺术项目顾问、市政规划专员等详细解读了遗产保护和历史城区文化景观保护管理政策和举措，令人印象深刻。（图6-32、图6-33）

▲图6-32 传统建筑与新列入保护名录的20世纪遗产和谐共存

▲图6-33 布卢瓦市20世纪遗产保护标志

参与此次国际培训的人员普遍感觉颇为受益，给我最大的感受是法国在遗产管理方面做出的卓越实践与探讨，这些管理呈现一种新的泛化趋势。泛化是指将原有遗产核心区内的价值传承和保护管理方式像涟漪一样扩散开来，溶解在城市管理与社会生活的方方面面之中。虽然法国在文化传统、社会制度、发展阶段等方面与中国有很大不同，但仍有许多实践经验值得我们去借鉴和思考。我个人理解其中较为突出的是上述的遗产泛化管理。主要表现在以下几个方面：

第一，保护理念的泛化。坚持以人为本，促进文化与自然遗产的融合发展，避免相互割裂；在保护管理工作中致力于历史、现实、未来的融合，以遗产管理策略增强城市魅力和活力，面向未来，促进社会可持续发展；在保护遗产的同时，注意遗产与自然环境、文化空间、背景环境的和谐共存、整体保护、有机传承。

第二，保护对象的泛化。在遗产的认定登录方面，不再局限于19世纪以前的遗产，时间维度上扩展至20世纪遗产。空间维度上，除了落实对《世界遗产公约》的承诺，还将遗产管理融入整个城市管理进程，将管理范围扩展至遗产区乃至缓冲区之外的更大范围，考虑整体性景观即文化景观与历史城区景观的保护管理，2016年通过法令推出了"卓越遗产遗址"计划，将ZPPAU遗产保护区（或建筑保护区）、风景保护区、AVAP建筑和遗产保护美化区统一整合为综合保护区，取代原有三个法令分别确定的保护区。无论是世界遗产，还是其他级别的普通遗产，都采用同样保护管理理念和措施，进行整体保护。

　　有时候比遗产区、缓冲区的范围更大。比如阿尔比主教城遗产负责人表示，报送联合国教科文组织的遗产区、缓冲区仅为主教城区域，而该市实际的遗产管理空间为整个城市加上近郊农业和森林区域，不仅是城市内景观得到保护，甚至考虑了城乡联动，对郊区望向历史城区的整体视觉景观进行保护，即城乡一体化景观保护。类型维度上，除了考古遗址、历史建筑、历史城区等类型，工业遗产等新的文化遗产类型也得到了越来越多的保护，并为工业遗产管理立法，使其取得与传统文化遗产同等的法律地位。（图 6-34）

　　第三，管理机制的泛化。一是对文化部、环境部等管理部门进行分工协同，共同开展遗产管理特别是文化景观管理；文化部等在各大区和地方设立直属分支机构，全过程参与到遗产日常监管和方案审核实施中。二是管理体系上四级联动、上下打通，陆续将世界遗产的管理权下放至地方政府，中央、大区、省、市、镇或所有者几方共同派员、出资进行遗产管理，世界遗产协会等众多社会组织协同参与；由于卢瓦尔河谷沿线城镇众多、面积巨大，中央政府与沿线地方政府等共同组建了"卢瓦尔使命"专门管理机构，以便加强卢瓦尔河谷相关建筑、文化和自然因素的协同保护。三是世界遗产的管理方式泛化至其他遗产，法国的列级遗产、登记遗产、缓冲区内的"卓越遗产遗址"按照同样的理念受到严格保护；布卢瓦市参照世界遗产保护和资助的方式，推出 10 年期修缮计划对城镇内其他普通建筑进行修缮，吸引原有老城居民回流，精心为公众营造凝视

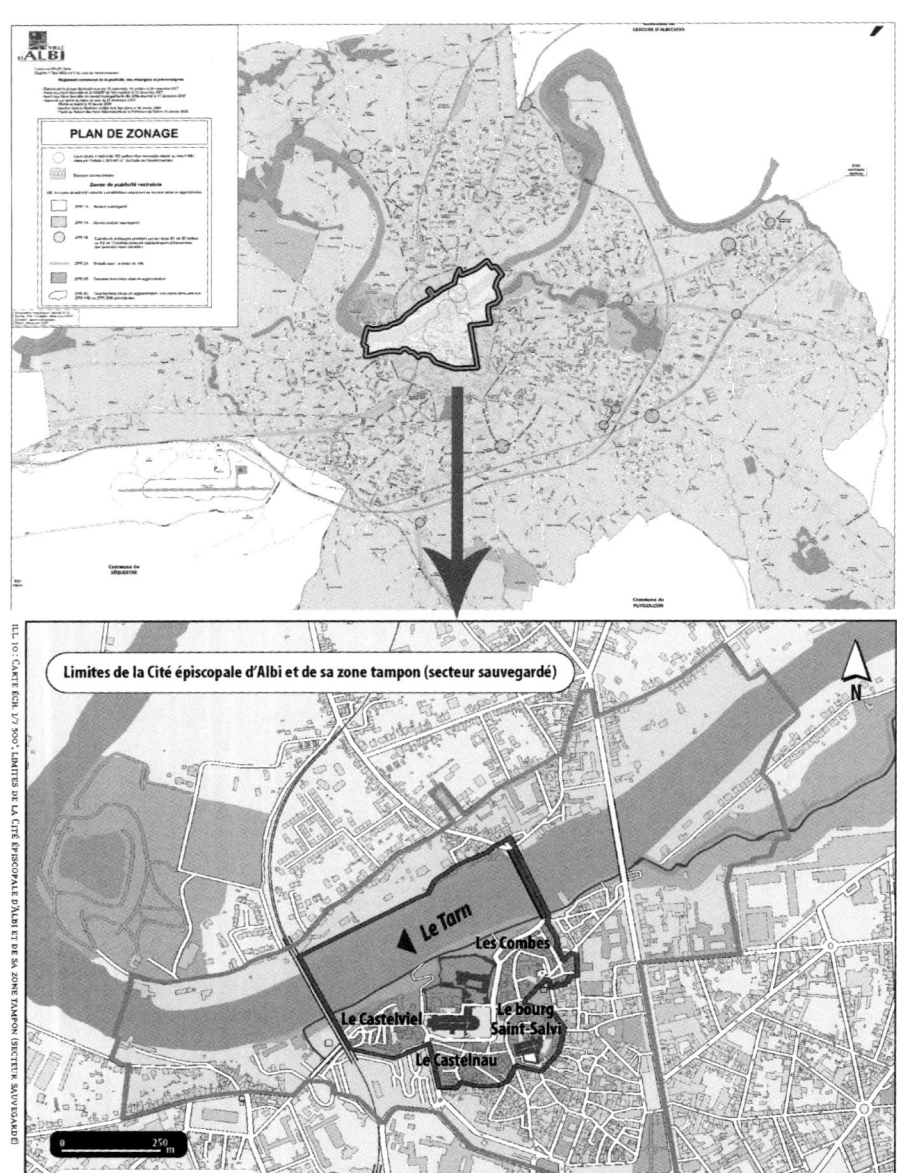

▲ 图 6-34　阿尔比主教城实际遗产管理范围（上）与申报文本的范围（下）对比

遗产、体验遗产的空间，补充旧城地下停车场等基础设施，提升旧城区生活水平和遗产城市活力。（图 6-35）

第四，遗产增值的泛化。通过细致的管理与阐释工作，致力于遗产增值工作，遗产增值既有遗产核心价值阐释、阐发的含义，也有遗产为公众、为社会提供更好服务的经济社会含义；与其说是在进行遗产增值，不如说是通过遗产在为整个社会发展增值。

▲图 6-35　在政府的支持下建筑外观修缮已持续 10 年

第五，遗产传播的泛化。将遗产视为文化传播媒介，组织 44 家世界遗产地建立世界遗产协会，形成信息交流和管理经验分享平台，设置遗产媒介传播专员，定期开展人员培训工作。在公众教育方面，开展了很多探索，特别是注意儿童和青少年的遗产理念启蒙，与学校合作制作遗产小册子提供给教师，内容设计与学校课程设计相符合，通过教师向学生传递遗产知识；在博物馆、景区或遗产阐释中心会设立专门为儿童服务的趣味空间与体验区域，文化媒介传播员针对不同年龄段的儿童进行相应的遗产知识分享。在审美养成方面，也做出了很多尝试，肖蒙城堡还担负起周边社区园艺设计培训基地的责任，每年都对周边园艺工人进行艺术培训教育。

在文化体验方面，更是下足了工夫，夏季高峰期间甚至专门为游人开放夜景游览，也会鼓励公众亲自动手播种或参与园艺营造和一系列手工艺体验项目。

综合上述实践情况，这种遗产泛化、溶解式的管理包含了保护理念、保护对象、管理机制、遗产增值、遗产传播等多个维度（表6-1），是《世界遗产公约》精神的延续和发展，有利于增强遗产与社会生活之间的联系，有利于满足大范围文化景观遗产的保护管理需求，协调不同法律、不同层级、不同部门之间的管理权限，化解遗产保护与历史城市正常发展之间的矛盾。

表 6-1 法国世界遗产泛化管理实践一览表

序号	保护管理内容	实践方向与举措
1	保护理念	链接文化与自然遗产
		面向未来的可持续发展
		文化空间与背景环境整体保护
2	保护对象	时间维度扩展至20世纪遗产
		空间维度扩展至缓冲区之外
		类型维度扩展至工业遗产等多类
3	管理机制	文化、环境等多部门的整合管理
		中央、地方、所有者三级联动管理
		世界遗产、其他遗产的同等管理
4	遗产增值	遗产的价值传播与阐释
		文化软实力与国际影响力
		广泛的社会公众参与
5	遗产传播	公众教育
		审美养成
		文化体验

相比以往盆景式管理的模式，遗产泛化管理给现有法律制度、管理体系和管理人员带来的挑战和困难是非常大的，越是泛化，难度越大。这就需要逐步构建一个全社会广泛参与的合作网络，需要法律框架、管理机构、管理体系、经费支撑、人员素养、社会共识等方方面面都配套跟上，形成共同治理模式。这种泛化管理模式，始终没有放弃一个核心，那就是保存、传承、发扬遗产的价值。

其实，文化遗产更像一个社会的文化基因（DNA），基因的特点是内在序列较为稳定、携带重要遗传信息，虽然偶尔变异但能够实现代际传承并影响生物的基本形态，也是决定生命健康的内在因素。遗产亦如是。我们珍视遗产的价值是因为我们希望遗产能够将重要价值传递给子孙后代，促进可持续发展。因此我们需要做的是通过更加深入和持续的研究与实践，把文化遗产的基本谱系、内在价值梳理出来，并能够通过保护管理与媒介传播等手段，把这种价值予以阐发，将遗产保护理念与方法融入城乡发展、社会生活的每一个细节和每一位公民的内心和情感之中，形成可传承的强大文化基因。

当前中国在名城保护、世界遗产保护、文物保护、传统村镇保护、历史街区保护以及工业遗产、革命遗产、历史建筑保护等方面还存在不少的困难。比如遗产保护与城乡发展的矛盾、遗产价值与社区生活的割裂、不同遗产类型管理方式的割裂、世界遗产与其他各级不可移动文物管理方式的区别对待等，这些都对文物遗产的管理构成了挑战和威胁。迫切需要一套前瞻性强、跟踪能力强的遗产影响评估体系，将

遗产管理放在城乡发展更大的视野范围内进行考虑,以更好地应对这些管理风险和遗产变化趋势。(图6-36)

数字遗产,影响几何?

由于现代技术手段的全息记录优势,保护管理过程中不可避免地运用了大量的数字遗产技术,精细化的扫描和三维

▲ 图6-36 周口店遗址远期规划效果图(遗产与镇域发展范围高度重合)

建模手段已经可以在计算机中克隆另一个遗产实体，那问题来了：这些数字遗产克隆体的价值是什么？该如何看待它们与遗产实体的关系呢？

2019年9月，第十一届国际数字地球会议在意大利佛罗伦萨举行，会议的主题是讨论社会变革和大数据背景下数字技术何去何从，讨论数字地球技术给人类带来的机遇和挑战，我们是否可以信任它、承受它，其中数字技术在文化遗产保护管理中的影响也是论坛议题之一。在文化遗产保护管理实践中，不可否认的是，技术因素特别是数字技术已经越来越多地影响到文化遗产的保护管理方式，尽管争议和担忧仍然存在，但这种趋势已在数字社会的洪流中不可逆转。巴黎圣母院大火过后，法国人拿出了巴黎圣母院详细的三维激光扫描数据和全景VR数据，为修复工作提供了可靠的技术支撑，让人们进一步意识到了数字遗产的存在和意义。

2019年春节假期最为火爆的网络热点莫过于热映的《流浪地球》了，网友们甚至因为这部电影，称这一年为中国科幻电影的元年，可见评价极高。《流浪地球》的故事背景是几十年后，人类赖以生存的太阳老化、膨胀，地球逐渐被吞噬，人类面临生存危机而不得不进行迁移。好莱坞电影已经为我们想象过人类的无数种灾难甚至灭亡方式，通常都是靠坚毅、智慧、勇敢的主人公以强大的英雄力量来化解危机、拯救人类，实在无法化解了就会像《星际穿越》那样，派出人类的代表寻找新的居住地，在宇宙中人造一个地球的备份或者巨型空间站。这一次中国人给出了脑洞大开的另一个解决方案——带着地球一起跑路。

有必要来思考一下稍微严肃的问题，那就是：地球真的面临危机了，珍贵的文化遗产怎么办？人类文明怎么办？可以预见的是，在人类面临整体生存危机的时刻，这些文化遗产抢救性基础工作虽然极为重要，但只能投入极少的人力、科技、资金等资源去实施，99%的资源还是要用于化解生存危机。《流浪地球》电影中，联合政府有一个备用计划就是必要时放弃地球，由空间站作为火种离开太阳系，带着人类文明的数据库、人类胚胎、植物种子前往新的居住地。这些庞大的数据库中，怎么能少了人类曾经创造的这些文明数据，比如文化遗产的三维激光扫描数据、全景数据、图片与视频数据等，这样危机过后的人类就可以通过数字技术手段再现古代记忆，同样可以在某种程度上传递人类遗产的价值。

就像数字技术变革对人类生存的威胁一样，这种威胁同样存在于文化遗产传承之中，特别是物质遗存。因此，有必要更早地在哲学、理念和政策层面去思考数字遗产的积极作用是什么？负面威胁是什么？什么是合适的应对和运用战略？而这种影响首先要从数字技术与文化遗产的关系是什么开始。几种可能的关系如下：

1. 并列关系

我们知道，通常双胞胎几乎是同时出生的，相隔仅仅几分钟或十几分钟，用这个关系来形容数字技术所产生的数据遗产（数字遗产）似乎不合适。但如果以更长的时间尺度来看待人类的发展（至少数百万年），你会发现我们所熟悉的现代文化遗产与数字遗产概念几乎就是同时产生的，相隔不过数百年。以这种视角来看，两者是相互独立、同等重要的并列关系,都是人类创造和遗留的宝贵遗产,两种遗产同等重要。

2. 继承关系

如果说数字遗产是依赖于文化遗产才得以存在的，那么短期内数字遗产的重要性就低于文化遗产，只是文化遗产的继承者和备份，传播、传承文化遗产。然而从更长期来看，文化遗产不可能是真正永生的，有其生命周期，作为文化遗产因突发状况消亡时的备份副本，数字遗产有可能后来者居上，成为真正的遗产。

3. 协作共生关系

还有一种可能就是协作共生关系,以文化遗产为主,数字遗产为辅,文化遗产与数字遗产是有机构成的一个整体，相互支撑。

无论是哪一种关系，都涉及有形的遗产实体与无形的遗产价值之间相互关系的讨论，从根本上是唯物主义与唯心主义两种世界观的争论。我们对数字遗产的认知，将决定今后的数字遗产管理策略，并在更遥远的时间尺度下决定遗产的未来。（图 6-37）

▲图 6-37 菲律宾维甘古城的巴士（上面写着：我们的梦想永远不会逝去）

写在最后

价值、价值、价值，重要的事情说三遍。

物理学家霍金说，哲学已死。这个世界的本质是什么？如何运转的？人是什么？人是否有灵魂？人的命运由谁掌握？这些原本由哲学思考的根本性问题越来越倾向于由各个专业的学者去回答，比如天体物理学、量子物理学。我之所以说遗产学特别是文化遗产学很像哲学，就是因为文化遗产也思考类似的问题，近几年的文化遗产保护理论主要聚焦在价值（意义）与真实性、遗产与可持续发展、自然遗产—文化遗产—人的融合发展，这些关注人类命运的主题都是很哲学的命题，受当代哲学流派之一的存在主义[①]的影响。

全球性焦虑正在不可避免地发酵，我们必须直面焦虑。如果说人类是否有灵魂尚待讨论，相信文化遗产是有灵魂的，那就是价值。文化遗产将有助于弥合分歧与焦虑，团结和鼓励我们砥砺前行，促进社会乃至全球可持续发展。

愿文化遗产的价值永不逝去！

---

① 存在主义，当代西方哲学主要流派之一。这一名词最早由法国天主教哲学家加布里埃尔·马塞尔提出，德国哲学家马丁·海德格尔是主要创始者。存在主义是一个很广泛的哲学流派，主要包括有神论的存在主义、无神论的存在主义和人道主义的存在主义三大类，它可以指任何将孤立个人的非理性意识活动当作最真实存在的人本主义学说。存在主义以人为中心，尊重人的个性和自由。人是在无意义的宇宙中生活，人的存在本身也没有意义，但人可以在原有存在的基础上自我塑造、自我成就，活得精彩，从而拥有意义。

图片来源说明

图片编号	来源说明
图 1-1 ~ 图 1-3	作者拍摄
图 1-4	马赫拍摄
图 1-5	作者拍摄
图 1-6	李昂拍摄
图 1-7	（a）图：联合国教科文组织。（b）图：作者拍摄
图 1-8、图 1-9	作者拍摄
图 1-10	李昂拍摄
图 1-11	作者拍摄
图 1-12、图 1-13	李昂拍摄
图 1-14 ~ 图 1-16	鼓浪屿—万石山风景名胜区管委会提供
图 1-17 ~ 图 2-10	作者拍摄
图 2-11	引自中国政协文史馆（全国政协网站 http://www.cppcc.gov.cn/）
图 2-12、图 2-13	李昂拍摄
图 2-14 ~ 图 2-17	作者拍摄
图 2-18	邱雨绘图
图 3-1	原东城区文化委员会提供
图 3-2	陈光中绘，引自中国政协文史馆（全国政协网站 http://www.cppcc.gov.cn/）
图 3-3	记者王军提供
图 3-4	北京市古代建筑研究所提供
图 3-5	作者根据文物普查资料绘制
图 3-6 ~ 图 3-8	马赫拍摄
图 3-9	作者拍摄
图 3-10	北京市文物局提供

续表

图片编号	来源说明
图 3-11	作者绘制
图 3-12、图 3-13	作者拍摄
图 3-14	引自《京张路工摄影》历史档案
图 3-15、图 3-16	马赫拍摄
图 3-17	国家图书馆藏
图 3-18	作者绘制
图 4-1 ~ 图 4-5	作者拍摄
图 4-6	引自搜狐网（www.sohu.com）
图 4-7	引自《新京报》2016 年 9 月 22 日 A11 版（http://epaper.bjnews.com.cn/）
图 4-8	马赫拍摄
图 4-9	作者拍摄
图 4-10	王玉伟拍摄
图 4-11 ~ 图 4-15	作者拍摄
图 4-16	引自《圆明园遗址公园规划》（2000 年版）
图 4-17	引自北京市文物研究所《圆明园长春园含经堂遗址发掘报告》
图 4-18、图 4-19	圆明园管理处提供
图 4-20	李昂拍摄
图 4-21 ~ 图 4-23	北京市文物局公示资料提供
图 4-24、图 4-25	作者绘制
图 4-26	圆明园管理处提供
图 4-27 ~ 图 4-29	作者拍摄
图 4-30	邱雨、孟祥煜绘图
图 4-31 ~ 图 5-2	作者拍摄
图 5-3 ~ 图 5-6	北京故宫博物院提供
图 5-7 ~ 图 5-18	作者拍摄
图 5-19	周篆磊绘图

续表

图片编号	来源说明
图 5-20	安一冉绘图
图 5-21	闫松绘图
图 5-22	周禀磊拍摄
图 5-23～图 5-38	作者拍摄
图 5-39	刘洋提供（城市之眼 APP）
图 6-1	北京市文物局提供（第八批文物保护范围、建设控制地带划定）
图 6-2	根据京张城际铁路有限公司提供的规划图纸改绘
图 6-3	作者拍摄
图 6-4	京张城际铁路有限公司提供
图 6-5	作者拍摄
图 6-6	根据京张城际铁路有限公司提供的规划图纸改绘
图 6-7	根据八达岭长城遗产区图纸改绘
图 6-8	作者拍摄
图 6-9	京张城际铁路有限公司提供
图 6-10	根据京张城际铁路有限公司提供的设计图纸改绘
图 6-11、图 6-12	作者拍摄
图 6-13	马赫拍摄
图 6-14～图 6-18	作者拍摄
图 6-19	陈清、孟祥煜绘图
图 6-20	作者拍摄
图 6-21	作者绘图
图 6-22	作者拍摄
图 6-23	北京市昌平区十三陵特区办事处提供
图 6-24	作者绘制
图 6-25	季宇绘图
图 6-26	马赫绘图
图 6-27、图 6-28	张荐硕绘图

续表

图片编号	来源说明
图 6-29	吴熠楠、尚劲宇绘图
图 6-30、图 6-31	马赫绘图
图 6-32、图 6-33	作者拍摄
图 6-34	法国遗产管理机构"卢瓦尔使命"提供
图 6-35	作者拍摄
图 6-36	引自《周口店遗址保护规划》
图 6-37	作者拍摄

参考文献

[1] 国际古迹遗址理事会 (ICOMOS) 中国国家委员会. 世界遗产公约操作指南（2017 中文版），2017.

[2] 国际古迹遗址理事会 (ICOMOS) 中国国家委员会. 中国文物古迹保护准则 [M]. 北京：文物出版社，2015.

[3] 北京市城市规划设计研究院. 圆明园遗址公园规划，2000.

[4] 王晨，王媛. 文化遗产导论 [M]. 北京：清华大学出版社，2016.

[5] 国家文物局. 国际文化遗产保护文件选编 [M]. 北京：文物出版社，2007.

[6] 北京市文物局，清华大学规划设计研究院. 北京中轴线申遗文本，2013.

[7] 罗伯特·L. 凯利. 第五次开始——600 万年的人类历史如何预示我们的未来 [M]. 北京：中信出版集团，2018.

[8] 单霁翔. 文化景观遗产保护 [M]. 天津：天津大学出版社，2015.

[9] 丹尼斯·罗德威尔. 历史城市的保护与可持续性 [M]. 北京：电子工业出版社，2015.

[10] 中国文物信息咨询中心. 文物影响评估 [M]. 北京：科学出版社，2016.

[11] 郭游. 世界遗产与中国文物事业的相互交融与促进 [J]. 中国文物科学研究，2016（3）：8-9.

[12] 吕舟.《中国文物古迹保护准则》的修订与中国文化遗产保护的发展 [J]. 中国文化遗产，2015（2）：12.

[13] 吴美萍，朱光亚. 建筑遗产的预防性保护研究初探 [J]. 建筑学报，2010（6）.

[14] 戎卿文，张剑葳. 从防救蚀溃到规划远续：论国际建筑遗产预防性保

护之意涵 [J]. 建筑学报，2019（2）.

[15] 吴美萍. 国际遗产保护新理念——建筑遗产的预防性保护探析 [J]. 中国文物科学研究，2011（2）.

[16] 国际古迹遗址理事会. 世界文化遗产管理（ICOMOS CHINA 翻译中文版）.

[17] 赵云, 许礼林. 中国世界文化遗产监测 [M]. 北京：中国建筑工业出版社，2017.

[18] 国家文物局. 世界遗产与可持续发展 [M]. 北京：文物出版社，2012.

致　　谢

　　感谢书稿撰写过程中各位前辈、师友的指导，感谢北京市文物局、相关遗产管理机构、北大考古虚拟仿真教学实验中心、未名文博的同仁们提供的资料支持。

　　本书是第一版，抛砖引玉，希望有更多的人参与遗产保护研究工作，添砖加瓦，抑或抛玉更佳。随着今后持续不断的学习与实践，我希望还能继续深入思考，不断深化对遗产保护理念与实践的理解，完善价值为本的文化遗产保护理论体系。让我们共同努力！

作者简介

国际古迹遗址理事会（ICOMOS）国际会员，未名文博文化遗产咨询机构联合创始人。曾参与实施全国文物普查、南水北调、人文奥运文物保护计划、大运河申遗、中轴线申遗等工作，长期从事文化遗产研究、历史文化名城保护管理实践。发表有文化遗产相关论文多篇，并参与编撰《北京志·文物志》《北京文物建筑大系》等著作。近年来多次参与ICOROM、ICOMOS、WHITRAP等国际遗产咨询机构的课程或研讨项目，将遗产影响评估方法引入2022年北京冬奥会相关评估工作，并引入国际遗产保护理念，首创了区域性文物健康体检中心与管理云平台，推动文物遗产预防性保护的理论研究与实践。